혼자, 그리고 함께한 90일간의 아시아 횡단기

혼자, 그리고 함께한 90일간의 아시아 횡단기

초판 1쇄 찍음 2010년 10월 25일
초판 1쇄 펴냄 2010년 11월 5일

지은이 남정현 · 김웅기
펴낸이 유정식
진행 박수현

편집디자인 이승현
표지디자인 이승현

펴낸곳 나무자전거
출판등록 2009년 8월 4일 제 25100-2009-000024호
주소 서울 노원구 상계3 · 4동 60-1번지 성림 101-406호
전화 02-6326-8574
팩스 02-6499-2499
전자우편 namucycle@gmail.com

ⓒ남정현 · 김웅기 2010
ISBN : 978-89-964441-2-1(13980)

파본이나 잘못 인쇄된 책은 구입하신 서점에서 교환해드립니다.

이 책은 저작권법에 따라 보호받는 저작물이므로 무단전재와 복제를 금합니다.
이 책 내용의 일부 또는 전부를 이용하려면 반드시 저작권자와 나무자전거의 서면동의를 받아야 합니다.

이 도서의 국립중앙도서관 출판시도서목록(CIP)은 e-CIP 홈페이지(http://www.nl.go.kr/ecip)에서
이용하실 수 있습니다.(CIP제어번호: CIP2010003745)

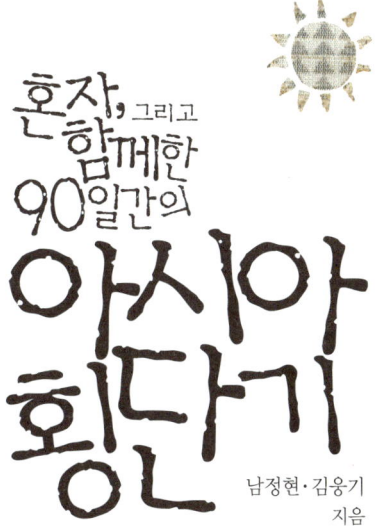

혼자, 그리고 함께한 90일간의

아시아 횡단기

남정현·김웅기 지음

나무자전거

Prologue

우리는 그런 사.람.여.행.을 하고 싶었다

왜 고생을 사서 해야 하는 오지 국가를 여행하는지 묻는 사람들이 많다. 비록 몸은 고단할 수밖에 없는 여행이지만 가슴 따뜻한 사람들을 만날 수 있어, 돈은 없지만 젊음과 시간을 배낭에 담을 수 있는 우리는 오지 국가에서 더 많이 배우고 느낄 수 있다고 생각했다. 예전에 캄보디아에서 만났던 슬로바키아인이 내게 이런 말을 한 적이 있었다. 자기 자신은 유럽에 살고 있지만, 복지국가인 유럽보다도 가난하고 열악한 캄보디아 사람들이 훨씬 행복해 보인다고. 그들은 초고속 인터넷도, 아이폰도 없지만 이방인에게 해맑게 웃어준다고.

여행은 아름다운 자연 풍경과 유적지를 보는 것으로 그치는 것이 아니다. 낯선 장소에서 헤매고 사기를 당해도, 역시나 도움의 손길을 주는 것은 그곳에 사는 사람들이다. 우리는 그런 '사람 여행'을 하고 싶었다.

실크로드하면 내겐 마르코 폴로나 혜초가 떠오르는 것이 아니라, 중국과 인도 여행 중에 무수히 만났던 실크로드 여행자들이 떠오른다. 중국의 랑무쓰에서 거친 숨을 내쉬며 올라간 천장(天葬) 터에서 만났던 한국인 의사 할아버지는 평생의 꿈인 실크로드 여행을 위해 길을 나섰고, 인도의 암리차르(Amritsar)에서는 파키스탄으로 넘어간다던 젊은 한국 여자를 만났다.

그렇게 그들이 향했던 길, 실크로드.

그래서 나도 꿈꾸게 되었다. 언젠가는 그 길을 밟아보자고.

우리는 은퇴하여 백발이 성한 뒤에 여행하고 싶지는 않았다. 나이가 들수록 사람은 잘 바뀌지 않아 자신의 가치관과 편견은 더 고착되기 마련이다. 젊을 때

징글징글 고생하며 세상을 보고 배워, 남은 인생 동안 자연과 사람들에게서 배운 것을 실천하며 살고 싶었다. 만약 우리가 여행을 몰랐다면, 아마 고급 자동차 한 대쯤은 살 수 있는 돈을 모았을지도 모른다. 하지만 우리는 그 돈으로 여행을 다녔고, 지금은 가난하지만 마음만은 부자이다. 풍족하게 살지는 못해도 커피 한 잔의 여유는 잊지 말자고 우리는 종종 다짐한다.

우리의 무모할지 모르는 이 여행이 누군가에게는 위로와 즐거움이 되었으면 좋겠다.

감사해야 할 분들이 너무나 많다. 우리의 여행기가 세상 빛을 볼 수 있도록 도와주신 나무자전거 유정식 사장님과 기연 언니, 철이 덜 든 자식 걱정에 마음이 편치 않으셨을 양가 부모님, 닮고 싶은 두 분인 미국의 작은아버지와 작은어머니, 귀여운 동생 보미, 엄마같기도 하고 친구같기도 한 셋째 고모, 한국을 벗어나 있을 때면 어버이날에 우리 부모님께 꽃바구니를 배달해주던 소울메이트 개구리, 소피아에서 멋진 사진을 찍어준 김수 형님, 대상웰라이프 사업 본부장님 및 데일리 사업부 임직원분들, 늘 격려와 응원을 보내주는 카페 회원분들, 그 외에 우리를 아껴주는 모든 분들, 그리고 곧 태어날 우리 공주님(사실 우리는 우리 공주가 좀 자라면 셋이서 중동과 북아프리카를 여행할까 궁리중이다.).

끝으로 성추행으로 악명 높은 파키스탄에서 날 보호하느라 힘들었던, 그리고 혹독한 추위 속에서 3일간 티베트의 카일라스 트레킹을 할 때 묵묵히 내 짐까지 다 짊어지고서도 힘들다고 내색 한번 하지 않던 남편 웅기에게 감사를 전한다. 그가 곁에 있어 우리의 여행은 안전하고 즐거울 수 있었다.

Contents

Prologue _4　　우리는 그런 사.람.여.행.을 하고 싶었다

The start for a travel _12

여행의
시.작.

정현, 웅기. 인생과 여행의 동반자가 되다
여행 자금을 위한 한여름의 고군분투
센트럴 파크에서의 달콤한 휴식
옛날 옛적 덤보에서
포르토 리코 커피와 카페 아바나
고풍스러움이 가득한 곳, 런던
아드리아해의 보석, 두브로브니크
서로의 여행을 존중하며
부부, 헤어지다?

#01 *Turkey Story* _52

친절한
형제의 나라,
터.키.

한국인은 우리의 형제다
이스탄불을 즐기는 법
코리아? 포토 오케이!
알리의 사과 차이, 테쉐큐르에데림
벗어나고픈 성수기의 페티예
친절한 터키사람들의 고마운 안내
각국 대사관 순례기
그린 투어 중에 길을 잃다
카파도키아에서 만난 마론 언니
반 고양이 소주
설사가 가져다 준 행복
또 하나의 행성
오토만 전통 가옥에서의 여유

잔 호텔 후세인 아저씨의 인심
아름답지만 서글픈
따스한 빛, 일몰에 빠지다

#02 Iran Story _120

보석 같은
사람들이 사는 곳,
이.란.

검은 물결 속으로 들어서다
고마워요, 후세인 아저씨
레일라 아주머니
스카프는 불편해
소풍 같은 하루
이란 여행을 힘들게 하는 것들
이란 여성에 대한 어떤 것
어느 신혼부부와의 점심식사
벼룩과의 재회
페르세폴리스의 노을을 가슴에 담다
목숨 걸고 가는 길
이란에서 만난 인도인
유쾌한 여행자, 순덜 씨
울지 마, 막내야

#03 Pakistan Story _182

여행자를
이끄는 곳,
파.키.스.탄.

국경을 넘다
황량함 속을 달리다
익숙한 풍경
라호르로 향하는 기차
정직하게 살아라, 이 나쁜 놈아!
중국 대사관의 특별대우

남편이 견딜 수 없는 것
여행자들을 자신의 품에 머물게 하는 곳, 훈자
어느 안과의사 아저씨
파키스탄에 사는 한국인, 복마니
마음의 부자, 만주르 아저씨
요리는 즐거워

#04 China & Tibet Story_222

기도와
염원으로 가득한,
중.국-티.베.트.

카라코람 하이웨이를 넘어 중국으로
낯선 도시에서의 안도감
사람냄새 나는 일요시장
도둑놈 소굴
트럭기사 허량 아저씨
느려터진 트럭과 고산병
세상에서 가장 높은 화장실
티베트의 슬픈 현실
드디어 알리에 도착하다
위구르 청년 모하메드
제과점에서 빈부격차를 보다
가슴이 저린 이유는
티베탄 가족 순례단
어느 일본인 이야기
숨 쉬는 것과 자유의 소중함
행복은 사소함에서 오는 것
쌀 것 같아? 살 것 같아!
다시 찾은 알리
2박 3일간의 버스 여행

드디어 왔구나
어린 순례자
너도 똑같아
조캉 사원 앞에서 흘린 눈물
하늘에 묻는다는 건
간덴 사원에서 코라를 돌다
붉은 승복을 입은 승려의 최라
라싸에서의 마지막 날
하늘열차 타고 베이징으로
왕푸징의 야시장
톈진에서의 하룻밤
인천행 배 안에서

#05 His Story_354
남.편. 웅.기.의
동유럽 여행기

설렘은 두려움으로, 두려움은 그리움으로
2박 3일간의 기차여행
우크라이나에서 만난 태국인 친구
더 이상 참을 수 없는 그리움
에스토니아에서 듣게 된 '서른 즈음에'
상트페테르부르크에서 이스탄불로

Epilogue_380   여행 그 후, 나는 충분히 행복하다

90일간의 아시아 횡.단.루.트.

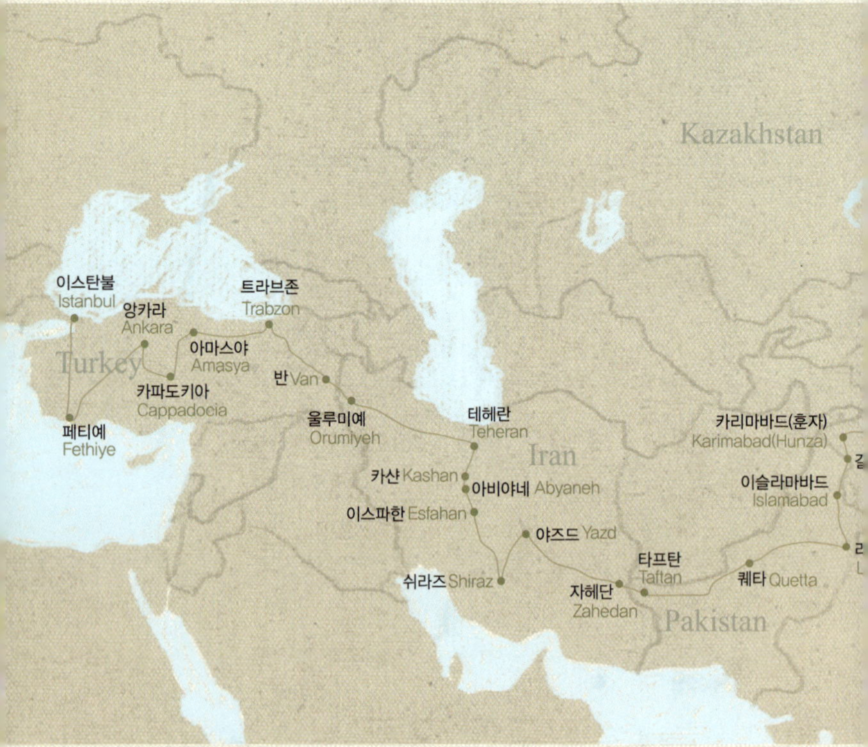

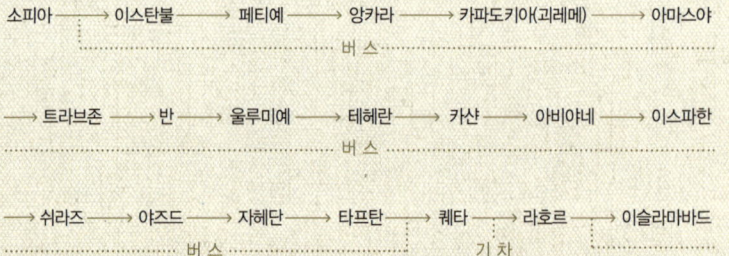

이스탄불 Istanbul
앙카라 Ankara
트라브존 Trabzon
아마스야 Amasya
반 Van
카파도키아 Cappadocia
페티예 Fethiye
울루미예 Orumlyeh
테헤란 Teheran
카리마바드(훈자) Karimabad(Hunza)
카샨 Kashan
아비야네 Abyaneh
이슬라마바드 Islamabad
이스파한 Esfahan
야즈드 Yazd
쉬라즈 Shiraz
자헤단 Zahedan
타프탄 Taftan
퀘타 Quetta

소피아 → 이스탄불 → 페티예 → 앙카라 → 카파도키아(괴레메) → 아마스야
버 스

→ 트라브존 → 반 → 울루미예 → 테헤란 → 카샨 → 아비야네 → 이스파한
버 스

→ 쉬라즈 → 야즈드 → 자헤단 → 타프탄 → 퀘타 → 라호르 → 이슬라마바드
버 스   기 차

The start for a travel

여행의
시.작.

혼자, 그리고 함께한 90일간의
아 시 아 횡 단 기

여행을 준비하는 과정에서 느끼는 설렘.
루트를 짜고, 비행기 티켓을 발권한다.
그러나 우리의 진정한 여행은
가이드북이나 지도에도 나와 있지 않을 수 있다는 생각으로
둘만의 여행 가방을 꾸린다.

남들보다 뒤처질지 모른다는 불안함과 돌아와서의 일들은
여행이 끝난 후에 고민해도 늦지 않다고 서로 격려하며 집을 나선다.

공항으로 떠나던 날,
봄의 시작을 알리는 목련이 화사하게 피어 있다.

story # 01

정현, 웅기
인생과 여행의
동 반 자 가 되 다

　　우리는 만난 지 4개월 만에 결혼했다. 그때 나는 남미여행을 준비하며 돈을 모으고 있었고, 그는 세계여행을 준비 중이었다. 둘 다 장기 배낭여행을 준비 중이었으므로, 연애감정은 뒤로한 채 여행 정보를 수집하는 데 대부분의 여가시간을 보내기 일쑤였다. 인터넷 여행 카페에서 만난 우리는 동갑내기였고, 여행 정보를 교류하며 자연스럽게 친구가 되었다.

　　그러다 큰일이 나고 말았다. 사랑에 빠진 것이다. 함께 여행을 가면 어떻겠느냐고 그가 제안했을 때, 나는 조금의 망설임도 없이 거절했다. 이성 친구와 함께하는 여행은(특히 장기 배낭여행일 경우) 여행도 망치고, 애인도 잃기 십상이니까.

　　그래서 우리는 결혼해서 같이 여행을 떠나는 것으로 서로의 계획을 수정하였다. 짧은 만남인 만큼 결혼은 모험이었지만, 우리는 서둘러 결혼 준비를 시작했다. 양가 부모님은 우리가 서두르는 것을 미심쩍어 하셨지만, 순순히 승낙해주셨다.

결혼 전에 장기 배낭여행에 대해 부모님께 말씀드려볼까도 생각했었다. 그러나 돈을 벌어도 시원찮을 나이에 다니던 직장을 그만두고 돈을 쓰러, 그것도 오랜 시간 여행을 떠난다는 것에 반대하실 것이 뻔했으므로 일단은 결혼부터 하자고 마음먹었다. 결혼을 하고 신혼살림을 차린 후 우리는 매일 저녁 세계지도를 펴놓고 루트를 상의하며 즐거운 신혼을 보내기 시작했다. 가장 시급한 문제는 여행 경비가 아닌 근 1년이라는 여행 기간 동안 집을 비우는 일이었다. 무작정 집을 비워놓을 수도 없었고, 그 사이 공과금 납부 등의 문제가 있었다. 우리가 집을 비운 사이 우리 집에 머물 수 있는 믿을 만한 사람을 구하는 게 급선무였다. 두드리면 열린다던가. 때마침 친구와 자취하던 사촌 여동생이 우리 집에 들어와 지내겠다고 나서주었다.

여행은 우선 남편의 작은아버지 내외분이 살고 계시는 뉴욕에서 시작하기로 했다. 뉴욕에 거점을 두고 남미여행을 한 뒤에, 뉴욕에서 가까운 런던으로 건너가 아시아 횡단을 시작해보기로 결심했다. 여행 경비가 얼마 되지 않아 걱정이었지만, 남미여행을 마치고 뉴욕에 돌아왔을 때 돈이 많이 부족하면 뉴욕의 한인타운에서 아르바이트라도 하자고 마음을 맞췄다.

    부모님께는 모든 것이 결정된 후에 말씀드렸다. 처음에는 우리의 결정에 당황하시고 걱정하셨지만, 나중에는 몸조심하라고 말씀해주셨다.

    나중에 안 사실이지만 어머님은 사회과부도를 하나 사서 항상 머리맡에 두셨다가, 우리가 지금 어디에 있고 잘 지내고 있다고 소식을 전할 때마다 펼쳐서 보곤 했다고 하셨다.

story # 02

여행 자금을 위한
한여름의
고분분투

남미여행을 마치고 뉴욕에 돌아왔을 때, 예상대로 여행 경비는 거의 바닥난 상태였다. 남편의 작은아버지 내외분은 맨해튼까지 버스로 20분이면 갈 수 있는 뉴저지에 살고 계셨는데, 우리는 작은아버지 댁에서 신세를 지며 뉴저지의 한인타운에서 여행 경비를 마련할 일자리를 알아보기로 했다. 마침 불볕더위가 한창인 한여름이었으므로 남편은 한국인이 운영하는 냉면집의 주방보조로, 나는 네일샵에 일자리를 구했다.

미국에는 네일샵이 참 많은데, 더러 베트남 사람들이 운영하는 곳도 보였지만 대부분은 한국 사람이 하는 곳이 더 많았다. 아무래도 한국 사람들이 손재주가 있어서 그런 것 같다. 한국에서는 여자들이 기분 전환을 위해 손발톱을 관리 받는 데 반해, 미국 여자들은 손발톱 관리를 화장처럼 생활의 일부로 여기는 것 같았다. 게다가 지금은 한여름이고, 맨발을 드러내고 다니는 사람들이 많아 네일샵은 늘 손님으로 북적거렸다.

네일샵에 가본 적도 없고 배워본 적도 없는 나 같은 생초보를 고용해 준 한국인 사장님은 내가 처음 가게에 찾아간 날, 시급이 얼마인지조차 알려주지 않고 무조건 손님들의 발톱부터 깎으라고 하셨다. 발톱은 사각으로 모양을 내야 예쁘니까 평소에 자기 발톱 깎듯이 둥글게 깎지 말고,

가운데만 한 번 깎은 다음에 파일로 갈아서 사각으로 모양을 만들라고 하셨다. 마음의 준비도 되어 있지 않은 상태에서 나는 제대로 된 면접도 보지 않고, 그 자리에서 바로 채용되어 일을 하기 시작했다.

다른 사람의 발톱을 깎는다는 것은 참 어려운 일이었다. 특히나 가운데만 톡 깎아낸다는 것은 더욱. 발톱은 손톱보다 훨씬 두껍기 때문에 한 번에 깎기가 어려웠다. 특히나 손님으로 온 낯선 사람의 발톱을 깎는다는 것은 생각보다 쉽지 않았다. 잘못 깎으면 엄살이 심한 미국 여자들은 아프다고 소리를 질러대기 일쑤였다.

나 같은 생초보가 네일샵에 취직할 수 있었던 것은 그 시기가 최고 성수기였기 때문이다. 손님들은 늘 잡지를 보며 자기 순서를 기다리고 있었고 나는 손님들의 발톱을 깎고, 발도 씻기고, 정리도 하는 허드렛일을 하게 되었다. 시급은 아주 적었지만 그래도 나는 일자리를 구했다는 것에 감사하며 열심히 일했다. 휴일도 없이 이어지는 하루 10시간의 노동. 네일샵에서 일한다는 것이 내게는 정말 중노동이었다.

발톱을 깎는 것에 익숙해지자 나는 발톱을 갈아 예쁘게 모양을 내는 '파일 질'이라는 것을 배웠다. 사람들의 발은 천차만별이었다. 발 냄새도 많이 나고, 무좀이 있는 발도 있고, 발톱을 갈다 보면 발톱 가루가 날리기도 했다. 발톱이 너무 자라서 어떻게 손써볼 수 없게 될 때까지 기다렸다가 오는 할아버지 손님도 있었다. 발톱이 양말을 뚫고 나올 지경이 되서야 참지 못하고 온 모양이다. 발톱이 살을 파고든 사람도 있었고, 발톱과 살이 너무 붙어 있어서 발톱깎이를 이용해 발톱을 깎을 수 없는 사람도 있었다. 그러면 발톱을 짧게 만들기 위해 나는 무시무시한 파일 질을 해야 했다. 이 파일 질을 하다 보면 마구잡이로 날리는 손님의 발톱 가루를 숨을 쉴 때마다 들이마셔야 한다는 고충이 있었다. 그리고 한 가지 알게 된 것은 사람의 발톱을 한참 갈다 보면 양파 썩는 냄새가 난다는 것이다.

점점 일이 익숙해지면서 나는 페디큐어(발톱 관리) 과정의 전부를 혼자 소화할 수 있게 되었다. 페디큐어의 과정은 1. 손님들의 발톱에 발려 있는 폴리시(광택제^{polish})를 지우고 2. 발톱을 깎고 3. 파일 질로 모양을 만들고 4. 물에 담가 씻긴 후 발바닥 각질을 제거하고 5. 로션을 발라 마사지하고 6. 마지막에 폴리시를 바른다. 발톱 보호제(베이스코트)를 바르고, 폴리시를 두 번 바르고, 마지막으로 탑코트를 하여 마무리한다.

수없이 아세톤으로 손님들의 발톱을 지우고, 파일 질을 하는 내 손은 지문이 닳아 없어질 지경이 되었다. 두 달도 안 되어 손이 아주 거칠어졌고, 손 마디마디가 쑤셨다. 퇴근하고 작은아버지 댁에 돌아가면 나는 꼼짝도 할 수 없을 만큼 지쳐버렸다. 하루종일 서빙하느라 고생했을 남편은 이런 내 손을 열심히 주물러주었다.

경험이 없어 아주 적은 시급을 받았지만, 손님들이 주는 팁은 상당했다. 아시아 횡단을 할 수 있는 경비를 모으는 기쁨도 있었지만, 나름대로 보람도 있었다. 손님으로 오는 원어민들과 이야기하며 영어회화 실력을 늘릴 수 있는 기회도 있었고, 페디큐어라는 기술도 습득할 수 있었다. 또한 이민자들의 고된 삶도 엿볼 수 있었다.

네일샵에서 일하는 한국 아주머니들은 거의 대부분이 한국에서 대학을 졸업하고 이민 온 분들이다. 한국에선 나름대로 그 시절의 고학력자가 미국에 와서 남의 발을 닦는 처지가 되니 대부분은 얼마 견디지 못하고 일을 그만두었다. 한국에서 아무리 좋은 대학을 졸업했어도 영어가 안 되는 사람들은 미국에 와서 할 수 있는 일이 제한될 수밖에 없고, 고급 언어가 별로 필요하지 않은 단순 노동이 주가 될 수밖에 없다. 반면에 미국에서는 나이 때문에 직업을 얻는 데 힘든 점은 없다. 70대 노인도 버거킹에서 일하는 것을 본 적이 있다. 그런 면은 참으로 부럽다.

네일샵 아주머니들은 나의 도전 정신을 높이 평가해 주셨다. 그리고 남편과 함께 배낭여행 중인 나의 젊음과 용기를 부러워하셨다. 두 달간의 네일샵 일을 하며 얻게 된 가장 큰 소득은 뭐니 뭐니 해도 자신감일 것이다. 무엇이든 할 수 있다는 자신감과 나 자신에 대한 믿음. 그리고 내가 젊다는 것에 대한 감사.

story # 03

센트럴 파크에서의
달 콤 한 휴 식

　모처럼 쉬는 월요일, 센트럴 파크Central Park로 소풍을 가기로 했다. 빨간 담요 하나 챙겨서 길을 나섰다. 버스를 타고 Port Authority에서 내린다. 버스는 2~30분쯤 걸린다. Port Authority는 42번가에 있어서 우리는 센트럴 파크가 시작되는 60번가까지 걷는다. 42번가에서 60번가까지 18개의 횡단보도를 건너는데, 일방통행이라 사람들은 차가 오는지 보고 무단횡단을 한다.

　다양한 인종의 사람을 구경하며 걷다 보면 시간이 금방 간다. 30분이면 60번가에 도착할 수 있다. 맨해튼을 걷는 사람들은 각기 다른 목적지를 향해 분주히 걸음을 옮긴다. 이곳에서 걸음이 느리거나 주위를 둘러보는 사람들은 대부분 관광객이다. 이곳 사람들도 한국의 러시아워 때의 지하철역을 연상시킬 만큼 한 방향으로 돌진한다. 뭐가 그리 바쁜 걸까.

센트럴 파크는 엄청나게 크다. 여의도보다 더 크다고 하니 그 규모가 어마어마하다. 60번가에서 110번가까지가 센트럴 파크이니 일직선으로 쭉 걸으면 1시간도 더 걸린다. 월요일이라 사람은 별로 없다. 현지인보다 관광객이 더 많은 듯하다. 개를 데리고 산책 나온 사람들, 자전거를 타는 사람들, 공놀이를 하는 아이들, 키스하는 연인들. 거리 공연도 볼 수 있다.

드넓은 잔디밭 한가운데에 가져간 담요를 펴고 누웠다. 하늘엔 구름이 많아 나무 그늘이 필요 없었다. 평화로운 오후였다.

story # 04

옛날 옛적
덤보에서

　　브루클린^{Brooklyn}은 맨해튼보다 덜 북적여서 좋았다. 어릴 적 나는 서울 충무로에 살았는데, 지금은 멀티플렉스로 바뀐 충무로역의 대한극장은 어린 시절 내게 꽤 많은 명화를 선사해 주었다. 『구니스, 백야, 킬링필드, 마지막 황제, 늑대와 춤을, 그랑 블루』 등을 그곳에서 보았다. 하지만 대한극장에 『브룩클린으로 가는 마지막 비상구^{Last Exit to Brooklyn}』가 걸려 있을 때는 내가 중학생이어서 이 영화를 볼 수가 없었다. 결국 고등학생이 되어 비디오로 보았던 이 영화는 참으로 암울했지만 사운드 트랙에 실려 있던 OST 'A love idea'는 한동안 계속 귓가를 맴돌았다.

그때 나는 브루클린이 어디 붙어있는지도 잘 몰랐다. 그냥 미국이라는 것 밖에는. 그래서 브루클린에 있는 덤보 Dumbo를 향하면서도 나는 내내 암울했던 그 영화의 잔향 때문인지, 브루클린은 어둠과 적요로 가득한 곳일 거라고 생각했다(물론 직접 가보니 그렇지는 않았다. 다만 교통체증이 좀 심했을 뿐).

덤보에서 바라보는 맨해튼 브릿지, 브루클린 브릿지는 퍽 아련한 기분을 느끼게 해주었다. 이 다리들이 꽤나 익숙한 것은 수많은 영화에 등장했기 때문일 것이다. 특히 사춘기 때 인상 깊게 보았던 세르지오 레오네 Sergio Leone 감독의 『원스 어폰 어 타임 인 아메리카 Once Upon a Time in America』의 포스터에 나오던 그 장소를 발견했을 때, 나는 그만 그 자리에 우뚝 멈추어 설 수 밖에 없었다. 어디선가 영화의 주인공인 어린 시절의 누들스가 뛰어나올 것만 같았다.

story # 05

포르토 리코 커피와
카페 아바나

뉴욕 소호Soho 거리에는 아기자기한 쇼핑숍과 카페가 가득하다. 구경하면서 배도 채우기 좋아 젊은 여자들이 좋아할 만한 곳이다. 사실 여행 중에는 재래시장 가는 것을 더 좋아하지만, 이왕 뉴욕에 왔으니 그냥 지나치면 서운할 것 같아 둘러보기로 했다.

뉴욕 소호에 위치한 포르토 리코Porto Rico 커피 가게는 저렴하고 맛있는 커피를 팔고 있어서 현지인들과 여행자들 사이에 꽤 유명하다. 커피 냄새로 가득한 작은 카페 안으로 들어가면 점원 혼자 분주히 커피를 만들어 준다. 제법 인기가 많아 줄을 서서 기다리기 일쑤지만, 빛이 잘 드는 카페 앞 벤치에 앉아 지나가는 사람들을 구경하며 커피를 마시는 것도 재미있다. 가끔 개를 데리고 산책 나온 사람들이 가게 앞에 개를 남겨놓고 혼자 커피를 사러 들어가기도 한다.

소호 옆 노리타Nolita에 위치한 카페 아바나Habana는 구운 옥수수가 유명한 곳이다. 구운 옥수수에 치즈와 칠리 가루를 뿌려주는데, 한 개에 2달러 정도이다. 점심시간에 갔다가는 줄이 너무 길어서 한참을 기다려야 한다. 왁자지껄한 분위기에서 쿠바 음악을 들으며 식사를 할 수 있는 유쾌한 곳이다.

story # 06

고풍스러움이 가득한 곳,
런던

    뉴욕에서 런던까지는 비행기로 약 일곱 시간이 걸렸다. 뉴욕에서 유럽으로 가는 노선 중 가장 저렴하면서 시간이 단축되는 곳이라 런던을 선택했다. 비싼 물가가 부담스러운 곳이기는 하지만, 대부분의 갤러리나 박물관이 무료여서 튼튼한 두 다리만 있으면 즐겁게 여행할 수 있는 곳이기도 했다.

    물가가 비싼 탓에 우리는 한인민박에 머무르기로 했다. 런던에 머무는 교민이나 유학생이 운영하는 민박은 주로 저렴한 대신 좁은 방에 이층침대가 다닥다닥 붙어 있고, 샤워실 하나를 여러 사람이 함께 사용해야 하는 불편함이 있다. 샤워를 하고 싶으면 부지런을 떨어 남들보다 일찍 일어나거나 밤늦은 시간에 하는 수밖에 없다.

    많은 사람과 좁은 공간에서 잠자는 것과 분주한 샤워실을 제외하면 한인민박은 이점이 많았다. 저렴한 비용에 아침과 저녁 식사를 제공하는 곳이 많았고, 교통이 좋은 곳에 위치하고 있어 걸어서 명소를 구경하기에도 좋았다.

고풍스러운 런던은 무작정 걸어도 좋았다. 런던 아이$^{London\ Eye}$나 빅벤$^{Big\ Ben}$은 멀리서도 눈에 띄어 내게는 이정표 역할을 톡톡히 해주었다. 특히 도로를 가득 메운 붉은색 2층 버스는 깨나 인상적이었다. 우리는 하루종일 제한 없이 버스를 탈 수 있는 원데이패스를 구입하여 지나가는 아무 버스나 잡아타고, 좁은 계단을 따라 2층에 앉았다. 고층 건물이 거의 없는 런던은 버스 안에서도 하늘이 잘 보였다. 차창 밖으로 대영 박물관이나 런던 브리지 같은 명소들이 보이면 우리는 무작정 버스에서 내려 걸었다. 지도를 들고 다니며 코스대로 구경하는 그런 여행이 아니라, 맘에 들면 어느 곳에서든 버스에서 내려 방향도 모른 체 걷기도 하며 런던을 즐겼다.

피커딜리 서커스$^{Piccadilly\ Circus}$의 에로스^{Eros} 동상 아래에 앉아 지나가는 사람들을 구경하기도 했고, 친절하다는 영국인을 시험도 할 겸 괜스레 길을 묻기도 했다. 드문드문 공원이 많은 이곳은 지친 다리를 쉬어가며, 광합성을 하기에도 좋았다. 불친절하기로 유명해서 기네스북에도 올랐다는 중국 식당 왕케이$^{Wong\ Kei}$에서 맛있는 탕수육으로 식사를 했고, 손님에게 거스름돈을 공손히 주는 것이 아니라 집어던지듯 주는 왕케이 직원에게 황당해 하기도 했다. 생수 값에 조금만 더 보태면 펍에서 기네스 드래프트$^{Guiness\ Draught}$를 마실 수 있어서 우리는 실컷 기네스 생맥주를 맛보았다. '한국에서라면 한 잔에 만 원은 할 텐데.'라고 말하면서.

story # 07

아드리아해의 보석,
두브로브니크

런던 개트윅공항Gatwick Airport에서 출발한 [1]두브로브니크Dubrovnik행 비행기는 상당히 작았다. 날씨가 좋지 않아 기체가 심하게 흔들렸기 때문에 아드리아해의 진주라는 두브로브니크에 간다는 설렘에 취하지도 못한 채 비행기가 안전하게 착륙하기만을 간절히 바랬다. 비행기는 좌우로, 또는 위아래로 심하게 흔들려 사람들은 모두 숨죽여 기도하듯 앉아 있었다. 승무원조차 기내를 지나다니지 않았고, 모든 이가 안전벨트를 하고 서 이 시간이 무사히 지나기만을 기다렸다. 나 역시 몹시 긴장해서 손바닥에 땀이 배어 나왔다.

비가 내리는 활주로에 비행기가 무사히 착륙하고 기내의 사람들이 일제히 박수를 치며 환호했을 때, 나는 감고 있던 눈을 그제야 뜰 수 있었다. 무뚝뚝한 영국 사람들이 환하게 웃으며 서로 축하하고 있었다. 긴장해서 어찌나 주먹을 꽉 쥐고 있었던지, 손바닥에 손톱자국이 빨갛게 남아 있었다. 안전벨트를 풀고 일어서는데 두 다리가 후들거렸다.

두브로브니크 공항은 생각보다 작았다. 안내소에서 지도를 얻어 공항 밖으로 나섰다. 한참을 기다려 올드타운 근처까지 가는 버스에 올라탔다. 언제 비가 왔냐는 듯이 하늘이 개이기 시작했다.

---

[1]두브로브니크(Dubrovnik)는 크로아티아 아드리아해 연안의 작은 도시이다. 1994년 구시가지가 세계문화유산으로 지정되었다.

구불구불한 해안도로를 얼마나 달렸을까. 성벽 안에 옹기종기 모여 있는 주홍 지붕의 올드타운이 창밖으로 펼쳐지기 시작했다. '아!' 하는 탄성이 저절로 나오는 그림 같은 풍경이었다.

단 한 장의 사진만으로도 여행을 결정하는 순간이 있다. 내게 두브로브니크가 그랬다. 성벽에 둘러싸인 주홍 지붕의 올드타운. 그리고 그와 대비되는 푸른 바다와 하늘.

두브로브니크에서는 쉽게 현지인 민박을 구할 수 있다. 그러나 전망 좋은 곳을 원한 우리는 '조금 더, 조금만 더'라고 말하며 가파른 계단을 쉼 없이 올랐다. 그렇게 무거운 배낭을 메고 가쁜 숨을 몰아쉬며 올라간 곳에서 뒤를 돌아보았다. 발아래 바다와 올드타운의 지붕들이 비현실적인 아름다움으로 빛나고 있었다. '그래, 이쯤이면 됐다!'고 생각한 우리는 근처의 민박에 짐을 풀었다.

두브로브니크의 매력은 2km에 이르는 성벽을 따라 걷는 것, 정말 아무 목적 없이 올드타운을 서성대는 것이다. 좁은 미로와 같은 골목마다 사람들이 살고 있고, 그들이 널어놓은 빨래가 빨랫줄에 빼곡히 매달려 바람과 햇볕에 출렁이는 평화로운 풍경을 바라본다. 가끔 고양이가 지나가고, 뜬금없이 골목 어귀에서 향이 좋은 커피를 파는 카페와 마주하게 된다.

그러나 너무 유명해져 버린 탓일까. 레스토랑에서 식사를 할 엄두가 나지 않는다. 동유럽이지만, 관광지화 되어버린 이곳의 물가는 우리에겐 너무 벅찼다. 하는 수 없이 우리는 아름다운 풍경 속에서 그저 빵만 뜯어 먹는 비운을 겪어야 했다.

좁은 미로와 같은 골목마다 사람들이 살고 있고,

그들이 널어놓은 빨래가 빨랫줄에 빼곡히 매달려
바람과 햇볕에 출렁이는 평화로운 풍경을 바라본다.

story # 08

서로의 여행을 존중하며

우리는 배낭여행을 준비하면서 만나 사랑하게 되어 결혼한 만큼, 여행에 관해서는 최대한 서로의 의견을 존중하기로 했다. 남편은 동유럽을 거쳐 러시아의 상트페테르부르크Sankt Peterburg에서 시베리아 횡단열차를 타고 블라디보스토크Vladivostok까지 가고 싶어 했고, 나는 터키를 시작으로 이란, 파키스탄, 티베트를 거치는 아시아 횡단을 하고 싶었다. 부부가 어떻게 따로 여행을 하느냐는 주변 사람들의 만류는 우리에게 별로 의미가 없었다. 우리는 그만큼 서로를 믿었고, 서로의 여행을 존중하고 있었다.

내가 양보해서 그와 함께 시베리아 횡단열차를 탈 수도 있었고, 그가 양보해서 나와 함께 터키로 갈 수도 있었지만, 우리는 그렇게 하지 않기로 했다. 살면서 이렇게 장기 배낭여행을 할 수 있는 기회는 많지 않을 것이기에 서로 원하는 곳으로 각자 여행을 하기로 했다. 물론 인생은 길지만 돈을 아끼고 고생하며 몸과 마음으로 부딪히는 여행은 젊을 때 해야 한다는 생각에 우리는 서로의 여행을 격려해 주었다.

그래서 우리는 두브로브니크에서 비행기를 타고 불가리아의 소피아 Sofia로 날아갔다. 이곳에서 남편은 기차를 타고 우크라이나로 넘어가고, 나는 버스로 터키 국경을 넘기로 했다. 새벽에 도착한 소피아 공항은 마치 버스 터미널처럼 작았다. 활주로가 보이지 않았다면 공항이라고 믿지 못할 정도였다. 편도 티켓으로 입국했기에 조금 걱정이 되었지만, 시설이 초라하고 협소한 이민국에서는 여직원이 아무 질문도 없이 나른하고 피곤한 표정으로 입국 도장을 쾅쾅 찍어 주었다. 아직 동이 트기 전이라 우리는 대기실 의자에 앉아 기다리다가 날이 새면 숙소로 이동하려 했지만, 공항에는 변변한 대기실도 존재하지 않았다. 같은 비행기를 타고 입국한 사람들은 저마다 짐을 가지고 택시를 타러 공항 밖으로 나갔다.

남편은 나를 걱정하기 시작했다. 혼자 여행할 때 이런 상황이 오면 위험하니, 절대로 늦은 밤이나 어두울 때 목적지에 도착하지 않도록 하라고 신신당부를 했다. 그리고 그는 무거운 내 배낭도 걱정하기 시작했다. 나의 디지털 카메라와 필름 카메라, 그리고 세 개의 렌즈는 무게가 꽤 되었다. 늘 남편이 대신 들어주어 나는 가벼운 몸으로 여행을 할 수 있었는데, 이제 이 무게는 고스란히 나의 몫이 될 것이다. 갑자기 눈물이 고이기 시작했다. 그동안 무덤덤하게 따로 여행하는 것을 자연스럽게 받아들였던 나였지만, 갑자기 그의 부재가 가져 올 허전함의 무게가 실감나기 시작했다. 그래서인지 숙소로 향하는 택시 안에서 나는 아무 말도 할 수가 없었다. 남편 역시 말이 없다. 창밖으로 지나가는 소피아의 거리 풍경들은 조금은 낙후되었고, 소박했다. 택시 안의 무거운 침묵을 깬 건 운전기사였다. 친절한 운전기사는 이정표가 될 만한 큰 건물들을 지날 때면, 이건 뭐고 저건 뭐다라고 알려주었다.

우리가 도착한 여행자 숙소에는 빈방이 없었다. 아침 10시쯤이면 자리가 날 거라면서, 리셉션 직원은 소파에 앉아 차라도 마시면서 기다리겠느냐고 물었다. 피곤한 몸을 소파 깊숙이 파묻고 우리는 누군가 체크아웃하여 빈방이 생기기를 기다렸다.

story # 09

부부,
헤어지다?

　소피아의 여자들은 참 예뻤다. 서유럽 여자들과는 다른 매력이 분명히 있었다. 꽃을 파는 여자도 예뻤고, 가판대에서 핫도그를 파는 여자도 예뻤다. 남편이 아닌 척하면서 예쁜 여자들을 돌아볼 때면 나는 옆에서 쿡,하고 그의 옆구리를 찔렀다.

　남편의 기차표를 예약하기 위해 소피아 기차역으로 가야했다. 지나가는 택시를 잡아 운전기사에게 영어로 'Train station?' 이라고 물었다. 운전기사는 도리질을 하며 우리를 빤히 쳐다보았다. 기차역을 가지 않는다는 의미인지, 영어를 모른다는 것인지 알 수 없어서 우리는 다른 택시를 세웠다. 역시나 이번에도 운전기사는 도리질을 하며 타라는 손짓을 했다. '트레인 스테이션, 오케이?' 라고 다시 확인해도 그는 역시 도리질을 하며 뒷좌석에 타라는 손짓을 했다. 기차역에 가지 않는다면서 타라는 것은 무슨 뜻인지……. 어떻게 해야 할지 갈피를 잡지 못하고 서 있는 우리가 답답했는지, 택시는 그냥 떠나버렸다. 다시 세 번째 택시를 잡고서 물었다. 역시나 세 번째 운전기사도 도리질을 했다. 혹시나 하는 마음에 내가 '트레인 스테이션, 오케이?' 라고 재차 물었으나 역시 도리질을 한다. 운전기사는 분명 입으로는 '오케이' 라고 말하면서 도리질을 한다. 그랬다. 불가리아에서는 고개를 끄덕이는 것이 부정의 의미이고, 고개를 좌우로 흔드는 것이 긍정의 의미였다.

남편은 우크라이나의 수도 키예프Kiev행 저녁 7시 기차표를 예매했다. 소피아에서 키예프까지는 2박 3일의 여정이다. 나는 그가 떠난 다음 날 아침 일찍 이스탄불로 출발하는 버스표를 예매했다. 이제 우리 부부가 함께할 시간도 얼마 남지 않았다. 애써 명랑한 척했지만, 헤어질 시간이 점점 다가올수록 나는 시무룩해졌다.

기차에서 먹을 요깃거리와 생수를 사서 키예프로 떠날 그를 배웅하기 위해 다시 소피아 기차역으로 갔다. 저녁 7시에 출발 예정인 기차는 벌써 플랫폼에 정차해 있었다.

"여행이 얼마나 걸릴 것 같아?"

"글쎄⋯⋯. 3~4개월 걸리지 않을까? 돈 떨어지면 더 일찍 한국으로 갈 수도 있고."

"가급적이면 우리의 첫 번째 결혼기념일은 한국에서 같이 보내자."

"그래, 그러자."

"몸조심해. 건강 잘 챙기고."

"응. 너도⋯⋯."

남편이 기차에 오르고, 자꾸만 뒤돌아보는 그를 향해 나는 환하게 웃어 보이며 손을 크게 흔들었다. 기차가 조금씩 움직이더니 이내 멀어졌다. 기차가 떠난 후에도 나는 계속 손을 흔들었다. 이제 나는 정말 혼자가 되었다. 군대 가는 남자친구 배웅하는 것도 아니고, 청승 떨 것 없다고 자신을 위로하며 나는 씩씩하게 기차역 밖으로 걸어 나왔다.

남편이 먼저 키예프행 기차를 타고 떠난 후, 나는 초저녁의 소피아 시내를 정처 없이 걸어 다녔다. 기차역에서 숙소까지는 걸어서 한 시간 정도의 먼 거리였지만 다음날 아침이면 이스탄불로 떠나야 한다는 생각 때문이었는지, 갑작스레 혼자 남은 허전함 때문이었는지 나는 숙소까지 마냥 걸었다. 8월의 태양은 길어서, 초저녁이지만 아직 거리는 환했다. 소피아 시내는 다른 서유럽과는 확연히 달랐다. 어딘가 덜 세련되고, 덜 정리된 느낌과 더불어 약간은 낙후된 느낌도 있었다. 광장 한쪽에는 낡은 러시아제 카메라를 싼값에 파는 노인들이 삼삼오오 모여 있기도 했다.

숙소에 돌아와서는 꼼꼼하게 배낭을 싸고, 다음날 아침 이스탄불로 떠나야 했으므로 일찍 잠자리에 들었다. 그러나 쉬이 잠이 오지 않았다.

#01 Turkey Story

친절한
형제의 나라,
터.키.

혼자, 그리고 함께한 90일간의
아 시 아 횡 단 기

동서양이 공존하는 곳, 터키.

케밥과 쫀득쫀득한 아이스크림 돈두르마가 있고,
활기찬 바자르와
아름다운 모스크가 있는 곳.

그리고 지구가 아닌 또 다른 행성
카파도키아.

그러나 가장 좋은 것은
한국인을 형제라고 말하는
친절한 사람들.

story # 01

한국인은
우리의 형제다

이스탄불 Istanbul

    터키를 알기 전, 나는 세 번쯤 터키에서 날아온 엽서를 받은 적이 있다. 나보다 먼저 터키를 다녀간 그들에게서 받은 엽서에는 이스탄불의 2)블루 모스크 Blue Mosque 또는 카파도키아 Cappadocia의 기이한 돌들이 인쇄되어 있었다. 그래서 내게 터키는, 아름다운 블루 모스크와 스머프 마을에 온 것 같은 착각을 일으키는 버섯 모양의 기이한 돌들이 있는 아름답고도 이색적인 국가로 각인되어 있었다.

    아침 일찍 불가리아 소피아에서 출발한 버스는 불가리아와 터키 국경에서 지체되어 저녁 늦게야 터키 최대의 도시 이스탄불 Istanbul에 도착했다. 8월의 이스탄불은 찌는 듯 무더웠다. 버스가 이스탄불의 거대한 버스터미널 오토가르 Otogar에 도착하자, 사람들은 저마다 각자의 짐을 챙겨 버스 밖으로 나섰다. 수많은 버스 회사가 다닥다닥 붙어있는, 규모가 엄청나게 큰 버스터미널에서 사람들에게 휩쓸려 나 역시 배낭을 챙겨 내리긴 했지만 도통 어느 방향으로 가야할지 알 수가 없었다. 게다가 어두워서 이정표도 잘 보이지 않았다. 해가 지고 어둠이 내려앉았지만, 40도를 웃도는 이스탄불의 날씨 때문에 조금만 걸어도 땀이 뚝뚝 떨어졌.

    이럴 때는 다른 여행자들이 많이 움직이는 방향으로 졸졸 따라가는 것이 좋은 방법이지만, 불운하게도 그날 소피아에서 이스탄불로 넘어온

2) 블루 모스크(Blue Moque)는 중북부의 사막지대에 위치한 도시이다. 7,000년 전의 시알크 지구라트(고대 바빌로니아, 앗시리아의 피라믿 형태 신전)가 카샨 교외에 서 있다.

버스에는 현지인 외에는 여행자가 한 명도 보이지 않았다. 무거운 배낭을 앞뒤로 들쳐 매고 일단 버스터미널을 벗어나 걷기 시작했다. 지하철도 타고 트램Tram도 타야 여행자 거리인 술탄 아흐메드Sultan Ahmed까지 갈 수 있었지만 어디에서 지하철을 탈 수 있을지 막막하기만 했다.

몇 걸음 걷다가 인상이 좋아 보이는 남자에게 '메트로?'라고 물었다. 남자는 영어를 못하는지 잠시 망설이는 듯하더니, 이내 손가락으로 지하철역 방향을 알려주었다. 고맙다고 말하자, 그는 미소 지으며 '제펜?'이라고 물었다. '노, 코리아.'라고 대답하자 그는 엄지손가락을 치켜세웠다.

그가 알려준 방향으로 쭉 걸어가자 지하철역이 나왔다. 그러나 그 어디에서도 ATM 기기를 찾을 수 없었다. 환전소도 보이지 않았다. 이러지도 저러지도 못한 채 나는 매표소 앞에 멍청히 서서 방법을 강구해보기 시작했다. 늦은 밤, 혼자 이동하는 것도 부담되었지만 터키 돈도 없었다. 그냥 밖으로 나가서 신용카드가 되는 아무 숙소나 들어갈까, 이런저런 생각을 하고 있을 때 누군가 내게 말을 걸었다.

"안녕, 너는 어느 나라에서 왔니?"

나는 본능적으로 배낭을 움켜쥐었다. 이렇게 여자 혼자 있을 때 접근하는 사람들, 특히 영어를 잘하는 남자들은 열에 아홉은 사기를 치려는 경우가 허다했으므로, 긴장을 늦추지 않았다.

"한국에서 왔어."

"누구 기다리니? 여기서 혼자 뭐해?"

"사실, 돈이 없어서 지하철을 못 타고 있어."

돈이 없다는 것을 알면 그냥 가지 않을까하는 생각에 내뱉었던 말이었는데, 남자는 안쓰러운 표정을 지으며 다시 물었다.

"어디까지 가는데?"

"블루 모스크가 있는 술탄 아흐메드."

남자는 잠시 망설이는 듯하더니 지갑에서 돈을 꺼내어 내게 건넸다. 그리고는 덧붙였다.

"한국인은 우리의 형제야."

지갑에서 지폐 한 장을 꺼내주고 그 터키 남자는 행운을 빈다며 멀어져 갔다.

터키 남자에게 받은 돈으로 티켓을 사서 지하철을 타고, 또 물어물어 트램도 타고, 간신히 여행자 거리인 술탄 아흐메드 거리까지 찾아갔다. 밤이 깊었지만 거리에는 노점상들이 많았다. 사람들은 언제든지 길을 물으면 하던 일을 멈추고 친절히 대답해 주었다. 그리고 '너는 이곳에서 우리의 가족이다.'라고 말해주었다. 사람들은 이방인인 나를 신기한 듯 바라보았지만, 몇 해 전 방문했던 인도에서처럼 끊임없이 질문을 해대지는 않았다.

어둠 속에서도 시선을 압도하는 블루 모스크가 보였다. 이제야 내가 정말 이스탄불에 와있다는 실감이 났다. 한여름의 이스탄불은 한적한 곳

이라곤 찾아보기 힘든 것 같았다. 전 세계에서 몰려든 관광객들은 늦은 밤까지 노천카페에 앉아 물담배(시샤^{Shisha})를 피우고, 술을 마셨다. 거리는 늦게까지 문을 연 여행사, 카펫 가게, 블루 모스크의 야경을 보러 나온 사람들로 북적였다. 덕분에 나는 숙소의 빈자리를 찾느라 애를 먹었다.

그리고 그날 일기에 나는 이렇게 적어놓았다. '블루 모스크가 있는 이슬람 국가, 터키에 온 첫날. 유럽과 아시아가 공존하는 곳인 이곳은 친절한 사람들이 가득한 곳이다.'라고.

story # 02

이스탄불을
즐 기 는 방법

이스탄불 Istanbul

혼자, 그리고 함께한 90일간의
아 시 아 횡 단 기

가장 경제적이고 즐거운 여행은 무작정 거리를 쏘다니는 것이다. 처음부터 지도에 의지해 길을 찾기보다는 무작정 걷다가 현지인에게 물어보는 것을 나는 좋아한다. 물론 영어에 익숙하지 않은 현지인들은 고개를 설레설레 저을 수도 있으니, 인사말 정도는 현지어로 연습해 두는 게 중요하다. 현지어로 인사한 뒤에 도움을 요청했을 때, 매몰차게 갈 길을 재촉하는 사람은 거의 없다. 적어도 터키인들은 그렇다. 그들은 하던 일을 멈추고 길을 알려 주었으며, 어설픈 터키어로 고맙다고 말하면 슬며시 미소 지었다.

이스탄불을 무작정 걷다 보면 카펫 가게 앞에 앉아 이방인을 무심히 쳐다보는 고양이와 만날 수 있고, 눈을 현혹시키는 예쁜 차이^{Chai} 잔을 파는 가게 앞을 지날 때도 있다. 잠시 멈춰 서서 쇼윈도를 통해 구경이라도 할라치면 가게 주인이 잽싸게 나와서 3)차이라도 한 잔 마시며 느긋하게 구경하라고 호객행위를 하는 통에 이만저만 난감한 게 아니지만 말이다. 관광객들의 걸음이 뜸한 뒷골목 여기저기를 구경하다 헌책방 앞에 앉아 느긋하게 차이를 마시고 있는 노인과 눈이 마주치기도 한다. 나는 터키인들의 그런 느긋함이 좋았다. 하릴없이 그 앞을 서성대고 있으면 어김없이 노인은 차이 한 잔 마시겠느냐고 권하기 일쑤였다. 그러면 나는 사양도 않고, 노인이 권하는 앉은뱅이 의자에 앉아 차이를 마셨다.

3) 차이(Chai)는 인도식 홍차이다.
맛은 자극적이고 향이 강하며 달콤하다.

여행자의 거리인 술탄 아흐메드에서 무작정 북서쪽으로 걷다 보면 [4] 이집트바자르$^{Egyptian\ Bazaar}$도 만날 수 있고, 에미뇌뉘^{Eminönü}에서 고등어 케밥을 파는 케밥맨들이 목청을 돋워 손님을 부르는 모습도 볼 수 있다. 고등어 케밥은 3예텔레^{YTL}(Yeni Turk Lirasi, 약 2,000원 정도)로, 생각보다 식사 값이 비싼 터키에서 한 끼 식사로 훌륭하다. 고등어 케밥을 입에 문 채 걷다보면 다리에서 낚시를 하는 남자들이 보인다. 그들이 드리워놓은 낚싯대가 8월의 강력한 햇빛에 반짝이는 모습을 물끄러미 바라보았다. 나른하고 더웠다. 그들이 잡은 생선이 담긴 바구니도 엿보았다. 파란 플라스틱 바구니에 담긴 생선들은 자잘하고, 은빛 비늘이 번들번들하다.

거리에는 시커먼 차도르^{Chador}를 뒤집어쓴 여자부터 아무것도 쓰지 않고 하얀 종아리가 드러나는 치마를 입은 여자까지, 각양각색이다. 이슬람 국가지만 여성들의 복장은 자유로워 보인다. 남녀의 애정표현도 스스럼이 없다. 손을 잡고 걷거나 포옹하고 있는 모습도 심심찮게 볼 수 있다. 게다가 거리에서 아무렇지도 않게 담배를 피우는 여성들의 모습도 흔히 볼 수 있어 조금 놀라웠다. 유럽에서야 흔한 풍경이지만 그래도 이곳은 이슬람 국가니까.

[4] 이집트바자르(Egyptian Bazaar)는 향신료, 식료품, 생필품 등을 판매하는 유서 깊은 터키 이스탄불의 재래시장이다.

박물관만 들어가면 쏟아지는 졸음 때문에 나는 이스탄불의 건물 내부보다는 건물 밖 거리에서 터키인들을 만나는 것이 더 좋았다. 이스탄불을 걷다 보면 둥그런 돔과 길쭉한 첨탑이 인상적인 수많은 모스크를 쉽게 볼 수 있다. 모스크 앞의 광장에서 비둘기에게 모이를 주는 아이들과 사진을 찍는 터키인 가족들을 구경하며 시간을 보내는 것도 이스탄불 여행의 즐거움 중 하나였다.

카메라를 들고 이리저리 엿보고 구경하는 이방인이 성가실 텐데도 터키인들은 그런 내색을 하지 않고, 웃으며 어느 나라에서 왔는지 물어주었다. 코리아라고 말하면 '코리아?'라고 한 번씩은 꼭 되묻고 아는 체를 하며 '우리는 형제다.', 뭐 이런 말을 하며 반겨주었다. 나 역시 그런 그들이 싫지 않았다.

한번은 무작정 길을 걷다가 가게 앞에서 햇볕을 쬐며 쉬고 있는 어느 케밥맨을 보았다. 그의 평화로운 쉼이 내게는 그냥 지나칠 수 없는 멋진 피사체였으므로 잠시 망설이다가 사진을 찍어도 되는지 물었다. 그는 조용히 고개를 끄덕였다. 그의 입가에 퍼지던 잔잔한 미소. 그는 알고 있을까. 그의 친절로 인해 내가 이스탄불 사람들에게 더 가까이 다가갈 수 있었다는 것을.

story # 03

코리아?
포토 오 케이!

이스탄불 Istanbul

한여름의 이스탄불을 무작정 걷다가 지치면, 나는 나무 그늘이 있는 벤치에 앉아 잠시 쉬었다. 그렇게 쉬면서 지나가는 사람들을 멍하니 바라보고 있었다. 내 옆에는 왼팔 한가득 팔찌나 목걸이 형태를 한 묵주 같은 것을 건 채 할아버지 한 분이 말없이 앉아계셨다. 이렇게 해서 장사가 될까 싶을 만큼 할아버지는 말이 없으셨다. 가만히 할아버지께서 장사하시는 모습을 바라보다가 사진을 찍어도 되는지 묻자, 할아버지는 완강히 고개를 저으며 거절하셨다. 조금 무안해졌지만, 할아버지가 원하지 않으시니 카메라를 거두고 할아버지에게 넌지시 물었다.

"할아버지, 그게 뭐예요?"

"테스피."

"이슬람 묵주 같은 거예요?"

"그렇지. 하나 살래?"

"아뇨. 전 이슬람 신자가 아닌걸요."

"이슬람 신자가 아니어도 괜찮아. 하나 사서 엄마한테 선물해."

"죄송해요. 다음에 살게요."

"어디서 왔어? 제펜? 코리아?"

"코리아에서 왔어요."

"아, 코리아? 그럼 포토 오케이."

한국에서 왔다고 하니 할아버지는 갑자기 마음을 바꿔 사진을 찍어도 된다고 허락해 주셨다. 할아버지는 나름 포즈도 잡아 주신다. 나는 테스피를 파는 할아버지의 자연스러운 모습이 찍고 싶어 할아버지에게 렌즈를 쳐다보지 말아 달라고 부탁했다.

잠시 후, 할아버지의 친구인 듯한 다른 할아버지가 오셨다. 테스피를 파는 할아버지는 친구 분에게 나를 소개하며, '한국에서 왔대.' 라고 한마디 덧붙이셨다. 할아버지 친구 분은 '아, 코리아?' 하며 아는 체를 해주신다. 나는 웃음으로 답한다. 서로 말이 통하지 않으니 할아버지가 무어라 터키어로 말해도 나는 그저 어설픈 미소밖에 지을 수 없지만, 그래도 미소가 통하니 다행이다. 그렇게 조금 앉아 있다가 자리를 털고 일어섰다. 그리고 할아버지께 인사하는 것을 잊지 않았다.

"할아버지 테스피 많이 파시고, 건강하세요."

혼자, 그리고 함께한 90일간의
아시아 횡단기

story # 04

알리의 사과 차이,
테쉐큐르에데림
이스탄불 Istanbul

　　이스탄불에서 내가 묵고 있던 술탄 호스텔의 1층에는 레스토랑을 겸한 작은 바가 있었다. 술탄 호스텔에서 밖으로 나가는 통로로도 자주 이용했던 그곳에서 어느 날, 나는 '사과차 줄까요?' 라는 익숙한 모국어에 무심코 뒤를 돌아보았다가 깜짝 놀랐다. 그곳에는 한국인이 아닌 젊은 터키 남자가 한국어로 내게 말을 걸고 있었다.

　　'사과차 줄까요?' 라는 말에 조금의 망설임도 없이 '네.' 라고 대답했고 청년은 따뜻한 사과차를 내게 주었다. 무심코 대답은 그렇게 했지만, 이걸 그냥 마셔도 되는 건가라는 의구심으로 잠시 망설이고 있을 때, 그가 말했다.

　　"공짜니까 그냥 마셔도 돼요."

사과차는 향이 좋았다. '맛있어요?' 그가 물었고, 내가 '네.'라고 대답하자, 만족했는지 그는 선한 미소를 지었다. 그제야 나는 그에 대한 호기심을 풀어놓았다.

"이름이 뭐예요?"

"경민이예요."

"경민? 한국 이름이 있어요?"

"홍경민 닮았다고 한국에 있을 때 사람들이 경민이라고 불렀어요."

"와, 한국에 있었어요? 한국말도 되게 잘하네요."

"3년 전 한국에서 몇 달 동안 있었어요."

"그럼 진짜 이름은 뭐예요?"

"알리."

그렇게 나는 22살의 터키 청년 알리를 알게 되었다. 알리는 이스탄불에 여행왔던 한국 아가씨와 서로 좋아하게 되었고, 그녀가 한국으로 돌아간 후 그녀를 만나러 한국에 갔었다고 했다. 지금은 그녀와 어떻게 되었는지 궁금했지만, 묻지 않는 편이 낫겠다고 생각했다.

그렇게 나는 알리와 알게 되었고, 이스탄불의 더위에 지칠 때면 생맥주 한 잔을 시켜놓고 알리와 즐겨 이야기하곤 했다. 오후 6시까지 해피아워 Happy hour인 레스토랑은 생맥주 값을 1예텔레 할인해 주는데, 알리는

오후 6시가 넘어도 슬며시 깎아주었다. 가만히 앉아 혼자 맥주를 홀짝이고 있으면, 일하는 중에도 다가와 안부를 물어주던 알리.

"오늘은 뭐했어요?"

"그냥 걸어 다녔어요."

"피곤하겠어요."

"괜찮아요. 참! 물어볼 게 하나 있어요."

"뭔데요?"

"고맙다를 터키말로 뭐라 해요? 들어도, 들어도 너무 어려워요. 테쉐……. 난 머리가 너무 나쁜가 봐요. 자꾸 까먹어요."

"아, 그거 쉽게 외우는 방법이 있어요."

"와, 정말요? 어떻게요?"

"티 슈거 앤 드림(tea sugar and dream)을 빨리 해봐요. 그러면 테쉐큐르에데림."

"정말 쉽네요. 테쉐큐르에데림. 고마워요, 알리!"

story # 05

벗어나고픈
성수기의 페티예

페티예 Fethiye

페티예Fethiye에서는 여유로움 같은 것을 찾아보기 힘들었다. 여유로움을 느끼려면 비수기의 한적함이 있어야 하고 숙소비가 저렴해야 하는데, 8월의 페티예는 사람들로 바글거리고 숙소비도 가장 비쌌다. 페티예에 도착하면 보통은 자동차로 30분 거리인 욀류데니즈Oludeniz라는 에메랄드빛 해변이 있는 곳에 숙소를 정하는데, 8월 최고 성수기에 혼자인 나는 그냥 페티예의 게스트하우스에 머물기로 했다. 욀류데니즈의 대부분의 숙소에는 더블룸만 있을 것이 뻔하기 때문이다.

페티예에서 미니버스인 돌무시Dolmus를 타고 처음 찾아간 숙소는 페라Ferah 펜션이다. 론리플래닛에 첫 번째로 나온 숙소였고, 도미토리가 있기 때문에 찾아간 것이다. 그런데 도미토리가 18예텔레 또는 10유로라고 한다. 그리고 세탁기 한 번 돌리는 데 무조건 15예텔레라고 해서 기겁을 하고 말았다.

정오가 체크아웃이라 차를 마시며, 정오까지 빈자리가 나길 기다리다가 무심코 방명록을 읽게 되었다. 도미토리가 무척 더운 모양이었다. 창문을 열면 모기가 들어오고, 닫으면 너무 더워서 잠을 잘 수 없다고 쓰여 있었다. 게다가 정오까지 기다렸지만 체크아웃을 한 사람이 없어 자리가 없다고 한다. 차라리 잘됐다 싶어서 무거운 배낭을 메고 밖으로 나왔다. 50미터 정도 서쪽으로 걸으니 드이구Duygu 펜션이라는 곳이 나왔다.

밤새 버스를 타고 이동한 데다 아침까지 거른 나는 조금만 걸어도 땀이 송골송골 맺히는 날씨에 무거운 배낭까지 메고 있어 무척 지쳐 있었다. 그냥 드이구 펜션에 빈자리가 있으면 묵기로 마음을 먹었다. 이곳은 개인욕실이 있는 더블룸밖에 없는 곳이었지만 작은 수영장도 있고, 슈퍼도 가깝고, 깨끗하고 아담해서 에어컨이 딸린 더블룸을 혼자 쓰기로 했다. 돈을 밝힐 것 같은 주인 남자는 50예텔레를 요구했지만, 곧 45예텔레로 깎아주었다. 45예텔레라면 25유로(3만 5천 원 정도)이다.

주인 남자는 내게 국적을 물었고, 내가 한국인이라는 걸 알게 되자 곧바로 '헥토르?'라고 물어왔다. 헥토르Hektor는 터키를 여행하는 한국인 여행자들 사이에서는 유명한 인물이었다. 욀뤼데니즈에서 여행사를 운영하면서, 한국인들에게만 패러글라이딩과 1일 보트 투어를 묶어서 80달러에 해주는 터키인이었다. 많은 한국 여행자가 페티예 버스터미널에 내리면 헥토르에게 연락해 헥토르가 보내준 차에 타고, 헥토르의 소개로 숙소를 정하고, 헥토르의 여행사에서 패러글라이딩과 보트 투어를 하고, 심지어는 공항에 갈 때도 헥토르의 차를 이용한다. 물론 공짜는 아니다.

한국인들이 왜 그리 헥토르에게 의지하고, 헥토르를 찾는지 나는 잘 모르겠다. 내가 묵었던 드이구 펜션에는 나 말고도 한국인 여행자가 한 명 더 있었는데, 그는 헥토르 소개로 이곳에 묵고 있다고 했다. 헥토르가 소개했기에 숙박비를 조금이나마 할인받았다고 생각하는 그가 묵는 방은 선풍기가 있는 더블룸으로 40예텔레라고 했다. 헥토르의 소개로 묵게 된 선풍기 방은 40예텔레. 내 발로 찾아가서 묵게 된 에어컨 방은 45예텔레. 그가 무엇을 할인받은 건지 의아해진다. 물론 패러글라이딩과 보트 투어는 헥토르네 여행사가 다른 여행사보다 조금 싼 것 같기는 했다.

아무튼 나는 패러글라이딩을 했다. 여행사의 차를 타고 해발 1,000미터쯤의 산 중턱에 올라갔다. 지대가 편평한 곳에서 패러글라이딩 장비를 펼치니, 나와 함께 패러글라이딩을 할 가이드가 인사를 건넸다. 그는 안전하게 패러글라이딩을 즐길 수 있는 방법에 대해 알려주고 장비를 점검했다. 다른 몇몇 사람이 먼저 패러글라이딩을 시작하는 모습을 바라보며 나는 호흡을 가다듬었다. 바람을 타고 흔들리며 발아래 펼쳐진 환상적인 지중해를 바라보는 일은 감동 그 자체일 것이다.

드디어 내 차례가 되었다. 가이드는 'Ready?'라고 물었고, 나는 'Run!'이라고 외쳤다. 나는 있는 힘껏 달렸다. 나와 가이드가 전력 질주할수록 우리 뒤의 캐노피 Canopy는 공중으로 붕 떠올랐다. 더불어 나의 몸도 조금씩 공중으로 떠올랐다. 가이드의 'Sit'이란 말에 나는 재빨리 하네스(조종석 Harness)에 앉았다. 시작은 해발 1,000미터에서 했지만, 우리는 바람을 타고 2,000미터까지 치솟아 올라갔다. 발아래 블루라군 Blue Lagoon은 더 없이 투명하고 아름다웠다. 그러나 지중해 위를 날고 있다는 감상에 잠겨 있는 시간은 채 5분을 넘기지 못했다. 처음에는 몸이 뜨는 게 신났지만, 5분쯤 지나자 속이 울렁거려왔기 때문이다. 멀미 기운이 심해 계속 심호흡을 해야 했다. 그러다 결국 뒤에 앉은 가이드에게 울부짖고 말았다.

"Let me down, please!!!"

혼자, 그리고 함께한 90일간의
아 시 아 횡 단 기

다음날은 1일 보트 투어를 했다. 3일간 15개의 섬을 도는 보트 투어도 있지만, 수영을 잘 못하고 일행도 없던 나는 너무 지루할 것 같아 하루만 하기로 했다. 오전 11시쯤 출발해서 네 개의 섬을 돌고 오후 6시에 돌아오는 투어였다. 윌류데니즈에서 출발한 보트는 근처의 바다 빛깔이 아름다운 섬에 배를 정박해놓고, 한 시간가량 자유시간을 준다. 사람들은 신이 나서 수영을 하고 다이빙을 한다. 이곳의 물빛은 그리스 에게해 Aegean Sea의 섬보다 더 맑고 투명하다. 나는 배를 타기 전 편의점에서 잔뜩 사가지고 간 캔커피를 마시며 사람들이 물에서 노는 모습을 한동안 구경하다가 이내 구명조끼를 입고 물에 들어가 본다. 배영으로 물에 떠 있을 수는 있지만, 그래도 바다는 무섭다. 터키의 지중해는 아름다웠지만, 나는 물가가 저렴한 동남아시아의 해변에서 늘어지는 게 훨씬 더 좋다.

헥토르에게 패러글라이딩과 보트 투어비로 80달러를 주자, 내가 직접 헥토르에게 연락한 것이 아니라, 내가 머물던 드이구 펜션 주인이 전화를 해주었기 때문에 그에게 줄 커미션으로 10달러를 더 주어야 한다고 말한다. 전화 한 번의 대가로는 너무 큰 커미션이었지만, 순순히 내주었다.

그러나 숙소에 돌아와 주인과 얘기할 때는 말이 달랐다. 자신의 핸드폰으로 즉, 자신의 사비를 들여 헥토르에게 전화해 주었다며 생색을 내는 것이 아닌가. 내가 '헥토르에게 너를 위한 커미션 10달러를 주었어.'라고 말했더니 펜션 주인은 그런 일은 모른다고 말한다. 성수기! 돈에 환장한 사람들. 나는 이 비싸고 정떨어지는 페티에를 빨리 벗어나자고 생각하고는 다시 짐을 꾸린다.

혼자, 그리고 함께한 90일간의
아 시 아 횡 단 기

story # 06

친절한 터키사람들의
고마운 안내

앙카라 Ankara

페티예를 출발해 밤새 달린 버스는 다음날 아침 7시 반에 터키의 수도인 앙카라^{Ankara}에 도착했다. 터키에서는 버스터미널을 오토가르^{Otogar}라고 부르는데 오토가르에서 앙카라이^{Ankaray} 지하철로 갈아타 울루스역에 갈 수 있다. 여행자가 많이 찾지 않는 앙카라는 배낭여행자를 위한 저렴한 숙소는 별로 없지만 대신 값싼 호텔들이 울루스^{Ulus}에 밀집되어 있다. 울루스역은 여러 개의 출구가 있어 일단 역 밖으로 나가서 가이드북의 지도를 살펴보았지만, 지금 내가 서 있는 곳이 어디쯤인지 가늠하기가 쉽지 않았다. 방향 감각을 잃어 일단 지도에 표시된 대형 우체국을 찾아보기로 했다.

이른 아침이라 출근하는 사람들로 거리는 분주하다. 무거운 배낭을 앞뒤로 짊어지고 무작정 걷다가, 버스 정류장에 서 있는 젊은 남자에게 길을 물었다. 그가 영어를 알아듣지 못하는 것 같아 지도를 펼쳐서 Ptt(터키에서는 우체국을 Ptt라고 부른다.)를 손가락으로 가리켰다. 그는 출근길이어서 바빴을텐데도 내가 그의 터키어를 이해하지 못하자, 직접 안내해주기로 결심했는지 앞장서서 걸으며 따라오라는 제스처를 취했다. 더운 날씨에 무거운 배낭을 멘 내가 힘겨워 보였는지 그가 보디랭귀지로 앞의 작은 배낭만이라도 들어줄까라고 물었지만, 배낭을 들고 도망갈까 봐 그냥 괜찮다고 말했다. 사람을 의심하는 것은 나쁜 것이지만, 처음 만난 낯선 사람의 호의를 무조건 신뢰할 수는 없었다. 특히 혼자 여행할 때라면 더더욱 그럴 것이다. Ptt가 보이는 곳에 도착하자 그는 인사를 하고는 출근 시간에 늦었는지 분주히 가버렸다.

앙카라에는 터키의 초대 대통령 아타튀르크 Kemal Atatürk 의 묘와 아나톨리아 문명박물관 Anatolian Civilizations Museum 등의 볼거리가 있다. 무덤이나 박물관 따위에 관심이 없던 내가 앙카라까지 온 것은 이란과 파키스탄 비자를 받기 위함이었다. 숙소에 짐을 풀고, 심야버스의 피로를 풀 여유도 없이 바로 버스 정류장으로 향했다.

앙카라의 힐튼 호텔 주변에는 각국의 대사관들이 밀집해 있었기에 정류장에서 한 노인에게 어떤 버스를 타야 힐튼 호텔에 갈 수 있는지 물었다. 노인은 갈아타야 할 거라면서, 자신이 타야할 버스를 같이 타면 된다고 말해 주었다. 출근 시간대가 지난 버스 안은 한산해서 앉아 갈 수 있었고 많은 노인들이 보였다. 버스 안의 노인들이 일제히 나를 신기한 듯 바라보며 내가 어느 나라에서 왔는지 궁금해 하기에 '코리아' 라고 대답했더니 다들 반가운 기색을 해주었다. 처음 나와 같이 버스에 탔던 노인은 나보다 먼저 내리면서 걱정이 되었던지, 운전기사에게 나를 어디에서 내려주라고 신신당부를 하는 듯했다.

버스를 갈아타야 할 지점에 내려서도 난감하긴 마찬가지였다. 버스 이정표에 힐튼 호텔이라고 쓰여 있는 게 아니어서 정류장의 또 다른 노인에게 어떤 버스를 타야할지 물었다. 노인은 잘 모르겠는지 고개를 갸웃하더니 주변의 다른 사람들에게 물어주었다. 그래도 신통한 대답이 없었는지 이번에는 정류장에서 손님을 태우고 있는 어느 버스 앞으로 가, 운전기사에게 힐튼 호텔에 가는지 물어주었다. 운전기사가 간다고 대답하자 나를 그 앞에 잘 내려주라고 당부까지 했다. 나는 노인에게 고맙다고 인사할 겨를도 없이 버스에 올라타고 말았다.

앙카라의 버스는 버스 안에서 차장에게 버스표를 살 수 있는 버스가 있고 그렇지 않은 버스가 있는데, 내가 탄 버스는 차장도 없고 버스표도 살 수 없는 버스였다. 사람들이 10회 이용할 수 있는 티켓을 기계 안에 넣으면 날짜와 시간이 찍혀 티켓이 다시 나오는 식이었다. 현금밖에 없는데 돈으로 받으면 안 되냐고 물었더니 운전기사는 괜찮으니 그냥 앉으라고 말했다. 그리고 힐튼 호텔을 놓치고 못 내릴까 봐 두리번거리며 창밖을 바라보는 내게, 목적지에 도착하면 알려줄 테니 걱정 말라고 말해주었다. 그의 친절에 나는 안심하고 비로소 창 밖 풍경을 여유롭게 즐길 수 있었다.

'아, 고마운 터키 사람들.'

그들의 친절 덕분에 나는 대사관을 쉽게 찾을 수 있었고, 터키가 더 좋아졌다.

story # 07

각국 대사관
순례기

앙카라 Ankara

　　인터넷을 뒤져서 알아낸 정보로는 파키스탄 비자를 받으려면 한국 대사관에 가서 추천서를 받아야 하고, 비자 받는 데도 1박 2일이 걸린다는 것이다. 그리고 이란 비자를 받을 때는 두 시간밖에 소요되지 않지만 여자는 [5]히잡Hijab을 쓴 여권용 사진 두 장이 있어야 한다는 사실이었다.

　　내가 부랴부랴 앙카라에 도착한 것은 목요일 아침이었다. 파키스탄 대사관은 토요일과 일요일에 문을 닫고, 이란 대사관은 금요일과 일요일에 문을 닫는다. 그래서 내 계획은 목요일 아침 한국 대사관에 들러 추천서를 받고 바로 파키스탄 대사관에 가서 비자 신청을 한 후, 금요일에 파키스탄 비자를 받고, 토요일 아침에 이란 비자를 두 시간 만에 받아 토요일 낮에 앙카라에서 괴레메Goreme행 버스에 오르는 것이었다.

　　그러나 어렵게 물어물어 찾아간 한국 대사관에서 일이 꼬이고 말았다. 처음 대사관 앞에 도착했을 때는 한국 대사관이라 써진 한글 간판에 가슴이 찡했는데 경비에게 안내되어 들어간 대기실에서부터 기분이 상하고 말았다.

[5] 히잡(Hijab)은 터키 여성들이 머리와 상반신을 가리기 위해 두르는 일종의 스카프를 말한다.

대기실에서 나는 멍하니 한 시간가량을 기다려야 했다. 그 누구도 무엇 때문에 대사관을 방문했는지 물어봐 주지 않았고, 굳게 닫힌 문 안쪽에서는 사람 소리가 들렸지만 나는 대기실에서 무작정 기다려야 했다. 빨리 추천서를 받아 파키스탄 대사관에 가야하는 나로서는 시간이 촉박해 더 이상 기다리고만 있을 수가 없었다. 나를 대기실에 안내해준 경비에게 더 기다려야 하는지 묻자 경비가 인터폰을 했고, 그제야 비서로 보이는 젊은 여자가 무엇 때문에 대사관을 방문했는지 물었다.

파키스탄 비자를 받아야 해서 추천서를 써달라고 부탁하자 비서로 보이는 젊은 여자는 아주 사무적인 어조로 말했다. '정말 가셔야겠습니까?' 라고. 물론 파키스탄이 위험한 국가이므로 자국민 보호차원에서 여행하는 것을 권장할 수는 없겠지만, 그녀가 쓰라고 내민 서약서에 사인을 하며 나는 참 씁쓸했다. 서약서에는 파키스탄 여행 중에 발생하는 어떤 불상사에 대해서도 대사관 측에 책임을 묻지 않겠다는 내용이 쓰여있었다.

서약서에 사인을 하고나니 오후 4시 반에 오라고 말하며 그녀는 내 여권을 가져갔다. 오늘이 목요일이고, 파키스탄 비자를 받는 데 1박 2일이 걸리므로 오전 중에 빨리 추천서를 써줄 수 없는지를 묻자 잠시도 고민해보지 않고, 너무 바쁘다며 오후 4시 반에 다시 오라고 말하고는 나가버렸다.

'매정한 것. 치치치.'

한국 대사관을 나와 파키스탄 대사관을 또 물어물어 찾아갔다. 혹시 비자를 하루 안에 받을 수 있는지 물어보기 위해서였다. 어쩌면 가능할 수도 있다는 희망적인 말을 듣고서 이번에는 이란 대사관으로 향했다. 이란 대사관의 경비는 한국 대사관의 경비와는 달리, 내 가방을 열어 검문 같은 것도 하지 않고 안으로 들어가서 직접 궁금한 것을 물어보라고 말해주었다.

이란 대사관 직원은 내가 토요일 아침에 비자를 받으러 오겠다고 말하자, 일처리를 빨리 할 수 있도록 비자 신청서와 비자료, 입금할 은행과 액수도 친절히 알려주었다. 내가 히잡을 쓴 여권용 사진이 있어야 하는지 묻자, 이란 여성이 아닌 외국인 여성은 히잡을 안 써도 상관없다고 친절히 알려주었다.

'한국 대사관과 이렇게나 다르다니!'

그렇게 대사관들을 돌아다니며 진을 빼고, 오후 4시 반이 되기를 기다리다 한국 대사관으로 다시 찾아갔다. 시간을 약속하고 왔지만 이번에도 역시 대기실에서 기다려야 했다. 30분쯤 멍하니 기다리던 나는 답답해서 문을 열고 밖으로 나갔다가 핸드폰으로 사적인 통화를 하던 오전의 대사관 여직원과 마주쳤다. 그녀는 나를 보자 대기실에 가서 기다리라고 손짓을 했고, 채 3분도 안 되어 추천서를 들고 나타났다.

한국 대사관에서 추천서를 받고 다음날 아침에 파키스탄 대사관에 가서 최대한 불쌍한 표정을 지으며, 오늘 비자를 받을 수 있게 해달라고 부탁한 결과 당일 오후에 비자를 받을 수 있었다.

비자를 기다리며 하염없이 의자에 앉아 있었다. 경비인 듯 보이는 파키스탄인이 자신이 마시던 차이를 가리키며 마시겠느냐고 물었다. 엷은 홍차이 터키식 차이가 아닌 인도에서 마시던 차이를 보고, 나는 고개를 크게 끄덕이며 웃어버렸다. 남자는 잠시 후 갓 끓인 뜨거운 차이 한 잔을 가져왔다. 아, 고소한 인도식 차이.

토요일 아침에는 이란 대사관에 가서, 30분 만에 비자를 받았다.

story # 08

그린 투어 중에
길을 잃다
카파도키아 Cappadocia

카파도키아^{Cappadocia}에서 거점이 되는 곳은 괴레메이다. 그래서 괴레메는 작은 동네이지만 게스트하우스와 여행사, 레스토랑 등이 즐비하다. 괴레메 주변에 산재해 있는 돌들의 향연을 보려면 스쿠터를 빌려 돌아다니는 것이 가장 좋은 방법이고, 빠른 시간 안에 많은 것을 보려면 투어를 이용하는 것이 일반적이다.

내가 신청한 그린 투어는 피존 계곡^{Pigeon Valley}, 데린쿠유 지하도시^{Derinkuyu Underground City}와 으흘랄라 계곡^{Ihlara Valley}, 셀리미예 모스크^{Selimiye Mosque} 등에 갔다가 아바노스^{Avanos}의 도자기 공장을 들렀다 오는 투어이다. 괴레메에서 대중교통으로 가기 힘든 으흘랄라 계곡까지 포함되어 있어 투어를 신청했다.

나는 참 이상하다. 똑같이 몇 시간을 걷더라도 혼자서 유유자적하거나 송골송골 땀을 흘리며 길을 헤매는 편이 훨씬 덜 피곤하다. 이렇게 가이드를 쫓아다니며 걷는 것은 얼마 지나지 않아 몹시 지치게 된다. 그래도 첫 경유지인 데린쿠유 지하도시에서는 가이드의 설명에 귀 기울이며 열심히 보려고 애를 썼다. 하지만 으흘랄라 계곡에 다다르자, 몹시 피곤

해지면서 꼼짝도 하기 싫었다. 사람들이 가이드를 쫓아 계곡 아래로 계단을 내려갔지만 나는 둘러보고 다시 올라오겠지, 하는 생각에 벤치에 멍하니 앉아 있었다. 그러나 한 시간이 지나도 사람들이 다시 올라오지 않았다. 계곡 아래쪽을 내려다보았지만 구경하는 사람들의 흔적은 보이지 않았다. 뭔가 이상했다. 이곳에선 대중교통으로 괴레메까지 돌아갈 수도 없는데! 나는 갑자기 미아가 된 기분이었다.

으흘랄라 계곡의 티켓 매표소에 있는 남자에게 물었다. 사람들이 다시 돌아오지 않는지, 돌아오지 않는다면 그들은 어디로 간 것인지, 나는 어떻게 해야 하는지. 나는 가이드의 이름도 모르고 전화번호도 모르는데. 티켓 매표소 직원은 그들이 으흘랄라 계곡의 바위 속 교회들을 둘러보고 한 시간가량을 걸어서 어느 마을에 도착한 후, 그곳에서 점심을 먹을 거라고 했다. 그리고 이곳으로는 다시 오지 않는다고 했다. 가이드 말을 듣지 않고 단독으로 행동했다가 낭패를 본 것이다.

나는 계곡 아래로 뻗어있는 긴 계단을 내려가 으흘랄라 계곡의 풍광을 바라보며 정신없이 걷기 시작했다. 한 시간쯤 뒤처졌지만 그들은 교회 등을 구경하느라 시간을 보냈을 테니 부지런히 뒤쫓으면 점심을 먹고 있을 때쯤 마을에 도착할 수 있지 않을까, 하는 생각에 발걸음이 부산해졌다. '에이, 다음부턴 이런 투어 하지 말아야지.' 라는 생각도 뒤따랐다.

마을로 향하는 좁은 오솔길은 시냇물이 흐르고 숲이 우거지고, 병풍처럼 바위들로 에워싸여 있었다. 사람들을 뒤쫓느라 한참을 걷고 뛰고를 반복했다. 8월의 햇살은 무척이나 뜨거웠다. 『이상한 나라의 엘리스』에 나오는 토끼가 어디선가 나타날 것만 같은 한낮의 풍경이었다.

30분쯤 그렇게 부지런히 사람들의 자취를 쫓아 걸었을 때, 걸음걸이가 느려 무리에서 뒤처진 몇 명의 사람들을 발견했다. 나와 같은 미니버스에 타고 있던 사람들이었다. 얼마나 반가웠던지! 대부분의 사람은 이미 마을에 도착해 야외 레스토랑에 자리를 잡고 앉아 있었다. 같은 숙소에 머무르고 있던 한국 아가씨 둘이 아는 체를 하며 물었다.

"언니, 어디 있다가 이제 오는 거예요?"

"조금 헤맸어요."

그린투어를 하다가 미아가 될 뻔했지만, 혼자 바삐 걷던 으흘랄라 계곡은 너무나 좋았다. 역시 여행은 혼자 걸어야 제 맛이다. 적어도 내게는 그렇다.

story # 09

카파도키아에서 만난 마론 언니

카파도키아 Cappadocia

괴레메에서 내가 머물렀던 숙소 마론케이브 Maron cave 펜션은 한국인 언니가 터키인 남편과 함께 운영하는 숙소였다. 언니는 한국에서 유치원을 운영했다고 한다. 삼십대에 접어들었지만, 달라진 것도 없고 달라질 것도 없는 일상이 지겨워 터키로 여행을 갔다가 카파도키아(괴레메)가 유독 좋아서 오래 머물렀고, 괴레메의 작은 버스터미널 티켓 사무실에서 근무하던 지금의 남편 아뎀을 만났다고 했다. 괴레메를 떠나던 날, 아뎀이 눈물을 뚝뚝 흘리며 언니를 붙잡았다고 했다. 그렇게 찾아온 사랑이 처음부터 순탄하기만 한 것은 아니라고 했다. 처음엔 나이도 한참 어린 터키 남자가 자신을 돈 때문에 좋아하는 것은 아닌가라는 의심도 들었다고 했다. 카파도키아에는 유독 한국 여자나 일본 여자 친구를 둔 게스트하우스 주인 남자들이 많았고, 아뎀도 그런 터키 남자들의 부류가 아닌가 하고 걱정했었다고 한다.

결혼해서 처음 1년 정도는 한국에서 살았다고 했다. 아뎀은 대형마트의 터키식 케밥 가게에서 일했는데, 하루 열 시간이 넘는 중노동에도 힘들다는 내색 한 번 안 했다고 했다. 덕분에 아뎀은 한국말을 잘했다. 아뎀의 그런 성실한 모습을 보고 언니는 한국에서 계속 이런 식으로 살면 안 되겠다는 생각이 들었고, 남편과 함께 카파도키아에 정착하게 되었다고 했다.

한국인 언니와 그녀의 남편 아뎀이 함께 운영하는 펜션은 그렇게 해서 탄생하게 되었다. 유치원을 운영했던 언니는 알록달록하고 아기자기한 것을 좋아해서, 펜션 안의 침대 커버들과 이불은 모두 화사하고 예뻤다. 그린 투어로 카파도키아에서 여행사를 통해 하는 투어에 흥미를 잃어버린 나는 펜션에 머무르며, 언니와 함께 많은 시간을 보냈다. 별달리 하는 일도 없이 그저 언니를 도와 장을 보러 가거나, 새로 오는 손님들이 궁금한 것을 물어보면 가르쳐 주기도 하고, 펜션의 게스트북에 내가 경험했던 '앙카라에서 이란, 파키스탄 비자 쉽게 받기' 등의 정보를 끼적이며 시간을 보냈다.

남편과 헤어져 따로 여행하고 있는 나를 안쓰러워하기도 하고, 대단하다고 여기기도 했던 언니는 숙소에서 하릴없이 고양이와 놀고 있는 나를 불러 '오늘 저녁에 펜션 옥상에서 바비큐 파티나 할까?'라고 제안하기도 했다. 또 어느 레스토랑에 무슨 음식이 맛있다며 같이 점심 먹으러 가자고 데려가 주기도 했다. 부쩍 언니와 친해진 나는 펜션에 머무는 동안, 언니가 손님들을 위해 한식으로 아침을 준비할 때면 부엌에 들어가 서빙을 도와주기도 하고, 빈 접시를 치우기도 했다.

언니와 함께하는 시간이 많아지면서 나는 언니로부터 터키 사람들의 습성에 대해서도 종종 듣게 되었다. 터키인들은 게으르고 느리다고 언니는 불평했다. 한국 사람들처럼 한 번에 후딱 해치워버리는 일이 없다고. 게다가 얼마나 타인에게 관심이 많은지, 언니네가 중고차를 사 온 날 저녁에는 온 동네에 이미 소문이 퍼져 거리를 걸을 때마다 만나는 이웃들이 다들 한 마디씩 언니에게 차에 대한 이야기를 건넨다고 했다.

언니와 이야기를 하고 있으면 나는 시간 가는 줄을 몰랐다.

story # 10

반 고양이
소 주

카파도키아 Cappadocia

    마론케이브 펜션에는 '소주'라는 이름의 양쪽 눈 색깔이 다른 반^{Van} 고양이 한 마리가 있다. 숙소 2층 소파에 앉아 별달리 하는 것 없이 게으름을 피우고 있으면, 소주는 어느새 다가와 내 발가락을 가지고 장난을 쳤다. 가끔은 열린 방문으로 들어와 욕실 안의 두루마리 휴지를 변기 안에 빠뜨리고 도망을 가기도 했다. 소주가 소파에서 낮잠에 빠져있을 때는 어찌나 귀여운지, 녀석의 다리도 들어 올려 보고, 꼬리를 가지고 장난을 쳐 보아도 소주는 꿈쩍도 안 하고 단잠에서 깨질 못했다.

    마론 언니는 이 하얀색 반 고양이를 길에서 주웠다고 했다. 어느 날 밤, 펜션 앞 공터에서 새끼 고양이 우는 소리가 나기에 가보았더니, 어미 고양이에게 버림받은 새끼 고양이 한 마리가 비쩍 말라서 울고 있었다고 한다. 그 고양이를 데려다가 우유도 먹이고 잘 보살폈더니 털도 윤이 나고 한결 예뻐진 지금의 소주가 되었다고 했다.

    소주는 이제 펜션의 마스코트가 되었다. 호기심이 많아 여기서기 돌아다니다가도 잠잘 때가 되면, 소주는 언니의 방문을 긁는 버릇이 있었다. 버려진 새끼 고양이일 때 언니가 방에서 보살펴줘서 그런 것 같다고 언니는 말했다.

    그리고 우리가 여행을 마치고 한국에 돌아왔을 때, 소주가 출산을 했다는 소식을 들었다.

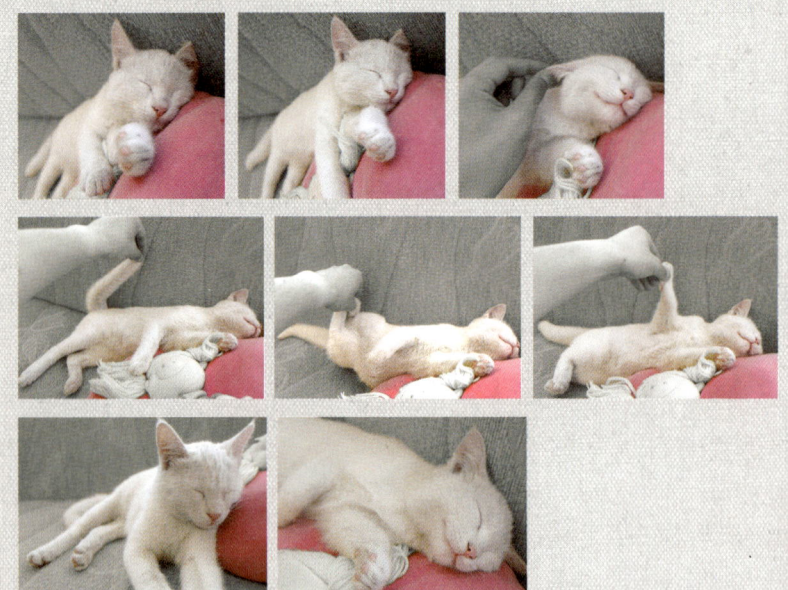

소주가 소파에서 낮잠에 빠져있을 때는

어찌나 귀여운지,

녀석의 다리도 들어 올려 보고,

꼬리를 가지고 장난을 쳐 보아도

소주는 꿈쩍도 안 하고 단잠에서 깨질 못했다.

story # 11

설사가 가져다 준
행복

카파도키아 Cappadocia

카파도키아에서의 시간은 유유히 흘러갔다. 별달리 하는 일도 없이 시간이 너무나도 잘 갔다. 나는 괴레메 주변을 무작정 걷기도 하고, 펜션에 새로 온 손님들 중에 이야기가 잘 통하는 여행자가 있으면 같이 식사도 하면서 시간을 보냈다. 이란 비자와 파키스탄 비자 기한이 얼마 남지 않아서 이렇게 넋 놓고 있으면 안 되었지만, 좀처럼 카파도키아를 떠날 수가 없었다.

숙소에는 빛이 풍성하게 들어오는 방과 예쁜 침대, 터키식 방석이 있어 좋았지만 저녁이면 나는 종종 방 안에서 맥주를 홀짝이며 지금쯤 남편은 무엇을 하고 있을까, 상상하기 일쑤였다. 사실 무엇을 해도 혼자서는 흥이 나지 않았다.

그러던 어느 날 갑작스럽게 시작된 설사가 며칠이 지나도 멈추질 않아 정말 꼼짝도 못하게 되었다. 약을 먹어도 잘 듣지 않아서, 나는 어디에도 가지 못하고 숙소에서만 며칠을 보냈다. 그 동안 숙소에서 나는 몇 개의 투어를 하고 떠나가는 다른 한국 사람들을 배웅하는 일이 일상이 되었다.

혼자, 그리고 함께한 90일간의
아 시 아 횡 단 기

그러던 어느 날 전화가 왔다. 설사 때문에 이동하지 못 해서 한국인 언니가 운영하는 이 숙소에 오래 머물게 될 것 같으니 전화할 수 있으면 하라고 연락처를 남긴 내 이메일을 보고, 남편이 에스토니아에서 전화를 걸어온 것이다. 그는 나를 걱정하며, 지난 3주간 혼자 한 여행이 아무런 의미가 없다고 말했다. '그럼 이리로 와. 같이 아시아 횡단을 하는 건 어때?' 라는 내 제안에 남편은 흔쾌히 대답했다.

"이틀 후에 러시아로 가니까, 상트페테르부르크에서 터키로 가는 비행기가 있는지 알아볼게."

그래서 카파도키아는 내게 더욱 기억에 남는 장소가 되었다. 설사로 인해 나는 이곳에서 오래 머물게 되었지만, 덕분에 러시아 상트페테르부르크Saint Petersburg에서 남편이 비행기를 타고 내게 날아왔기 때문이다. 그는 시베리아 횡단열차를 포기하고 내게 날아왔다. 그가 함께 있어 카파도키아가 더 좋고, 애틋한지도 모른다. 그리고 그가 내게 날아온 이후 꾀병을 부렸던 것처럼 신기하게도 내 설사는 곧 잠잠해졌다.

story # 12

또 하나의 행성

카파도키아 Cappadocia

카파도키아에서의 시간은 달콤하고 나른했다. 터키의 8월은 한국의 여름만큼이나 무더웠지만, 카파도키아는 그늘에 앉아 있으면 시원했고 모기가 없었다. 이곳에서는 꼭 무엇을 봐야겠다는 목적 없이 게으른 하루하루를 보냈다. 어떤 날은 온종일 엽서만 쓰기도 하고, 어떤 날은 네브셰히르 Nevsehir나 아바노스 Avanos로 장 구경을 가기도 했다. 아무것도 하기

싫은 날에는 숙소의 주인 언니에게 책을 빌려 읽거나 게스트북에 여행 정보를 끼적어 놓았다.

카파도키아는 마치 지구가 아닌 또 하나의 행성 같았다. 온통 돌과 파란 하늘로만 이루어진 행성. 갖가지 모양의 돌들이 지천에 널려 있었다. 비둘기 집으로 쓰였다는 핑크색의 피죤 계곡, 노을녘 붉은색으로 물드는 로즈 계곡 Rose Valley, 남성의 성기 모양 돌들이 있는 러브 계곡 Love Valley, 버섯 모양의 바위들이 있는 파샤바 Pasabag, 낙타 모양의 돌이 있는 데브렌트 계곡 Devrent Valley 등등. 자연이 만들어 놓은 기이한 돌들은 이 세상의 것이 아닌 듯했다. 누군가가 조각해놓지 않고서야 어떻게 저런 모양을 가질 수 있는지, 실제로 보면서도 믿어지지가 않았다.

남편과 나는 스쿠터를 빌려 타고 마음 닿는 대로 카파도키아를 돌아다녔다. 버섯 모양의 거대한 돌들이 있는 곳에 스쿠터를 세워놓고, 스머프를 상상하기도 했다. 앙카라에서 받아놓은 이란과 파키스탄의 비자 유효기간이 자꾸 다가오지만 않았다면, 우리는 카파도키아에 더 오래 머물렀을 것이다. 떠남이 아쉬워 우리는 다음에 터키에 오면 카파도키아에 한 달간 있자고, 해가 지는 괴레메의 선셋 포인트에 앉아 약속했다.

story # 13

오토만 전통 가옥에서의
여유

아마스야 Amasya

혼자, 그리고 함께한 90일간의
아시아 횡단기

아마스야^{Amasya}에서는 여행자를 찾아보기가 힘들다. 오토만^{Ottoman} 전통 가옥을 보려고 대부분의 여행자는 이스탄불에서 가까운 샤프란볼루^{Safranbolu} 마을로 모여든다. 동터키로 향하던 나는 샤프란볼루보다는 아마스야를 택했다. 가는 길에 위치한 탓도 있었지만, 여행자가 별로 없을 것 같아 선택한 곳이기도 하다.

가끔 나는 이렇게 삐딱하다.

남들이 흔히 가지 않는 곳을 찾아가고 싶은 마음.

아무튼 아마스야에선 여행자를 보기가 힘들었다. 그래서인지 이곳에선 길을 걷는 우리를 훔쳐보고 자기들끼리 무어라 수군거리고 웃거나, 안 되는 영어로 인사를 건네 오는 이들이 많았다. 간혹 내가 먼저 인사를 건네면 쑥스러워 대답을 못하는 이들도 있었다. 동양인 여행자가 그들에겐 신기하고 낯선 모양이다.

우리가 가진 부실한 가이드북엔 숙소 정보도 미흡했고, 아마스야의 지도 같은 건 나와 있지도 않았다. 일단 터키의 아버지라 불리는 아타튀르크 동상이 있는 곳에 오토만 전통 가옥을 개조한 숙소들이 밀집되어 있다는 정보만 가지고 무작정 아무 미니버스 운전사를 붙잡고 물어본다. '아타튀르크 아니티?' 라고 물으면 한눈에 보아도 여행자인 우리는 터키인들의 친절을 한몸에 받으며 길 안내를 받게 된다.

괴레메에서 터키인 남편과 펜션을 하고 있는 한국인 언니는 설렁설렁 대충대충 일처리를 하는 터키 사람들의 습성 때문에 짜증이 날 때가 많다고 했지만, 나는 스쳐 지나가는 여행자에게 베푸는 이러한 터키인들의 친절에 종종 감동을 받는다. 터키인들은 타인에게 참 관심이 많고, 관심이 많은 만큼 잘 도와주기 때문이다. 하던 일 멈추고 타인을 도와주는 그들에게서 여유와 관용을 엿본다. 한국 사회의 빠름과 각박함에 지쳐있던 나는 그들의 게으름과 여유에서 위안을 얻는다.

아마스야에서는 한적한 골목길을 엿볼 수 있었고, 둘러보는 데는 몇 시간이면 충분했다. 오토만 전통 가옥에 머무는 값이 너무 비싸서 1박만 하기로 결심한다. 이곳은 곳곳에 돈두르마^{Maras Dondurmasi}라는 쫀득쫀득한 아이스크림을 파는 가게가 있어 1예텔레(YTL)로 입이 즐겁다. 예실강^{Yesil river}이 보이는 벤치에 앉아 아이스크림을 먹는다. 해질 무렵엔 모스크 앞도 기웃거려 본다.

밤에는 열어놓은 창문으로 기분 좋은 바람이 들어오는 오토만 전통 가옥 방에 앉아 맥주를 마신다. 앤티크한 가구들로 장식된 넓은 방에 머물며, 여행 중 가장 비싼 숙박비를 지불했지만 가끔 이런 호사를 누려도 좋다.

story # 14

잔 호텔
후세인 아저씨의 인심

트라브존 Trabzon

괴레메의 마론케이브 펜션에서 여행자들이 적어놓고 간 게스트북을 들춰보다가 [6]트라브존^{Trabzon}에 대한 정보를 보았다. 잔 호텔(Can hotel, 캔 호텔이 아니라 잔 호텔이라고 읽는다.)의 후세인 아저씨에 대한 칭찬이 자자했다. 아침 식사 무료, 세탁 무료, 차이 무제한 제공에 할아버지들이 친절하고 귀엽기까지 하다는 말들이 곳곳에 쓰여 있었다.

대부분의 한국인이 만족했다면 나도 만족할 거란 생각이 들어 조금의 망설임도 없이 잔 호텔의 위치를 메모했고, 트라브존에 도착해서는 잔 호텔에 짐을 풀었다. 1층에 위치한 작은 리셉션 창가 소파에는 할아버지들이 앉아 무거운 배낭을 메고 호텔로 들어서는 우리에게 넉넉한 미소를 지어 주었다. 리셉션에서 빈방이 있는지 물으니 한국인들이 많이 다녀갔는지 나를 보고 코리안인지 제펜인지 묻지도 않고, 바로 '안녕하세요.' 라고 한국어로 인사해 주었다.

흑해를 볼 수 있는 트라브존은 터키 동부에 위치한 탓에 여행자가 적고 물가도 비교적 저렴하다. 생선구이를 먹으러 간 로칸타^{Lokanta}(터키에서는 식당을 로칸타라 부른다.)에서는 큰 통 가득 에크멕^{Ekmek}(터키인들의 주식이 되는 빵으로 바게트와 비슷하다.)이 들어있어 마음껏 먹을 수

[6] 트라브존(Trabzon)은 흑해 연안 동부의 항구 도시로 비잔틴 양식의 성당과 박물관, 사원 등의 유적이 있다.

있다. 생선구이가 나오기를 기다리며 말랑말랑한 에크멕을 몇 개고 계속 집어 먹었다.

트라브존에 머무는 3일간은 내내 비가 왔다. 터키에 와서 처음 보는 비다. 더운 날씨에 지쳐 있어 처음엔 비가 반가웠지만, 종일 내리는 비 때문에 눅눅하고 쌀쌀해진 날씨가 트라브존을 음울한 도시로 기억하게 만들었다.

트라브존 근교에는 우준괼 Uzun Göl 과 수멜라 수도원 Sümela Monastery 등이 있어 볼거리가 있다. 유한킴벌리 광고로 우리 눈에 익숙해진 자연 풍경을 볼 수 있는 우준괼에 다녀왔지만, 종일 추적추적 내리는 비와 자욱한 안개 때문에 별 감흥을 받지 못했다. 다른 곳에서 너무 좋은 풍경을 많이 봐서일까. 차 안에서 바라보는 우준괼로 향하는 풍경 역시 별다른 특별함을 주지 못했다.

3일 내내 비만 보다가 이제 그만 이곳을 떠나야겠다는 생각이 들었다. 반 Van 으로 가는 야간버스를 예매해 놓고, 잔 호텔의 후세인 아저씨에게 체크아웃을 한 후 저녁까지 2층 거실에서 시간을 보내도 되겠느냐고 묻자, 후세인 아저씨는 흔쾌히 그러라고 말해 주었다. 물론 차이도 마음 껏 마시라는 말도 덧붙였다.

차이를 마시고 일기를 쓰고, 가이드북도 들춰보았지만 시간은 너무 더디게 흘러갔다. 멍하니 창밖의 비를 바라보고 앉아 있었다. 1층의 리셉션에서 후세인 아저씨가 2층 거실로 올라왔다. 멍하니 창밖을 보고 있는 우리가 무척 심심해 보였던 걸까. 아저씨는 제법 두꺼운 노트 한 권을 내밀었다. 이게 무엇이냐고 물었더니, 자기에겐 아주 소중해서 따로 서랍에 보관하고 있는 거라고 말했다. 노트엔 온통 한글로 가득했다. 잔 호텔을 다녀간 한국인 여행자 중 한 명이 이 노트를 마련했고, 그 후 줄지어 다녀간 한국인들이 노트를 빼곡히 채워놓았다.

비 오는 트라브존, 나도 노트의 몇 줄을 한글로 채워놓았다. 노트를 보는 사이 어느새 시간은 흘러 오토가르(버스터미널)에 가야할 시간이 되었다. 한국인이 좋다고 말하는 인심 좋은 후세인 아저씨. 고맙습니다.

story # 15

아름답지만
서글픈
반 Van

나는 몇 번의 해외여행을 하면서 제법 많은 호수를 봤다. 중국의 윈난성 Yunnan Province에 위치한 얼하이호 Erhai lake와 루구호 Lugu lake, 세상에서 가장 높은 곳에 있다는 페루와 볼리비아 국경에 위치한 티티카카호 Lago Titicaca, 세 가지 물빛을 가진 페루의 양가누코호 Laguna de Llanganuco, 스무 개 이상의 아름다운 호수가 밀집해 있는 영국 윈더미어 Windermere의 호수들, 인도의 돌고래가 사는 칠카호 Chilka Lake. 그 중 반 호수의 물빛은 내가 봐왔던 수많은 호수 중에서도 손가락에 꼽을 만큼 아름다웠다.

야간버스로 반 Van에 도착하고 숙소를 정한 뒤, 우리가 제일 먼저 한 일은 반 호수로 향하는 돌무시 정류장을 찾는 것이었다. 사람들에게 물어물어 돌무시 정류장을 찾았을 때, 작은 구멍가게 앞에 옹기종기 모여 있던 앉은뱅이 의자들이 보였다. 미니버스 형태의 돌무시를 기다리며, 구멍가게 주인 남자에게 차이를 주문하고 앉은뱅이 의자에 앉았다. 따스한 햇볕과 차이 한 잔. 야간버스를 타고 이동한 탓에 몸이 나른해진다.

반에는 조그만 노천 차이 집이 유난히 많았다. 돌무시 정류장 앞에도, 숙소 앞에도, 시장에도 조그만 공터만 있으면 노천 차이 집이 보였

다. 조그만 탁자와 앙증맞은 간이 의자에 앉아 두 잔에 0.5예텔레(YTL)인 차이를 시켜놓고, 우리는 이런저런 이야기를 주고받았다. 터키 여행 이야기, 앞으로 가게 될 이란 이야기.

돌무시를 타고 반 호수 선착장으로 가는 길은 온통 눈부셨다. 강한 햇살도 눈이 부셨고, 투명한 빛깔의 호수도 눈부셨다. 호수에 떠있는 악다마르섬Akdamar island으로 가는 보트가 출발하는 선착장에 돌무시가 멈췄다. 그러나 악다마르섬으로 향하는 정기적인 보트는 없는 것 같았다. 보트 한 대에 얼마씩 값을 정해놓고, 손님이 알아서 인원을 모아 돈을 나눠내면 보트가 출발하는 식이었다. 그룹으로 온 관광객들 틈에 끼어 타면 요금을 훨씬 줄일 수 있을 것 같아 일단 기다리기로 했다.

등과 머리 위로 내리쬐는 햇살 때문인지 선착장 한쪽에 앉아 햇살에 반짝이는 호수를 바라보다가 순간 꾸벅꾸벅 졸았다. 따뜻하고, 나른하고, 졸음이 몰려오는 한낮의 호숫가. 한 시간쯤 그렇게 기다렸을까? 서양 여행객 네 명이 선착장에 왔다. 가만히 보니 세 명은 관광객이고 한 명은 가이드였다. 가이드에게 다가가 우리도 같이 보트를 탈 수 있는지 물었다. 보트 값은 이미 그들의 단체 투어비에 포함되어 있는 것이라 보트비는 여행사에서 지불하는 것이라고 가이드가 말했다. 손님들이 우리가 동행하는 것을 허락하면 타도 좋다고 그녀는 덧붙였다. 세 명의 서양 여행객들에게 보트를 같이 타도 좋은지 묻자, 그들 모두 찬성해서 우리는 공짜로 보트를 얻어 탈 수 있게 되었다.

잔잔한 수면 위에는 소형 보트의 요란한 모터 소리만 진동했다. 보트에 탄 서양인들은 보트 앞쪽으로 가서 사진을 찍었다. 그 모습을 나와 남편은 말없이 바라보았다. 남편은 무슨 생각에 잠겼는지 턱을 괴고 가만히 앉아 있었다. 반 호수와 호수에 떠 있는 악다마르섬은 모두 아름답고 평화로웠다.

아름다운 호수가 있는 데 반해, 터키 여행 중 가장 어린 아이들이 구걸을 많이 하는 곳이 바로 반이었다. 길을 걷고 있으면 꾀죄죄한 옷을 입은 아이들은 자기들끼리 모여 있다가 우리를 보고 잽싸게 달려와서 손을 내밀거나, 물건을 사달라고 졸라댔다. 구걸하는 아이들을 피해 길을 건너면 건너편의 아이들이 다시 접근해왔다. 국경과 가까운 지역이어서 그런 걸까. 인도 여행 때 구걸하는 어린 아이들에게 익숙해져 버린 나는 적당히 물리치고 걸었지만, 남편은 그 아이들로 인해 무척 당혹스런 눈치였다. 일일이 물건을 사주거나 돈을 주기엔 아이들 수가 너무 많았다. 쓸쓸함을 안고 걷는 마음이 무거웠다.

story # 16

따스한 빛,
일몰에 빠지다

반 Van

해지는 풍경을 보기 위해 다 허물어져 가는 반 성터를 오르기 시작했다. 터키 동부는 확실히 다른 터키의 관광지와는 다른 느낌이다. 조금은 낙후되었고, 사람들의 옷차림새도 덜 세련되었지만 그래서인지 더 인간적인 느낌이다. 물가도 저렴하고, 여행자들의 수가 적은 것도 동터키의 매력이다.

반 성터에서 바라보는 일몰은 장관이었다. 사위가 어슴푸레해지면서 따스한 빛깔의 노을이 주변을 감싸기 시작했다. 다음날 아침 이란으로 향하는 버스를 예약해 놓은 상태이니, 이것이 터키에서 보는 마지막 노을이 될 것이다. 마지막이라는 생각에서였는지 이 노을은 애틋함마저 느끼게 한다. 세상 모든 노을은 같지만 장소에 따라, 날씨에 따라, 또 함께 하는 이에 따라 받는 그 느낌은 사뭇 다르다.

고즈넉하고 따스한 일몰이었다. 남편과 나. 우리는 말이 없었지만, 그가 지금 무슨 생각을 하고 있는지 이제 나는 짐작할 수 있었다. 때때로 아름다운 것은 어설픈 감탄사나 탄성으로 표현되지 않을 때가 있다. 여행이 길어질수록 우리는 아름다운 것 앞에서 말을 아꼈다. 말을 아끼는 대신 묵묵히 두 눈에 담았다.

더 어두워지기 전에 성을 내려가자고 그가 말했다. 주변에는 아무도 없어서 해가 지고 어두워진 반 성터는 으스스한 느낌마저 들었다. 성을 내려와서 다시 시내로 가기 위해 돌무시를 기다릴 때였다. 조그만 미니밴이 손을 흔드는 우리 앞에 멈춰 섰다. 우리는 시내에 가고 싶다고 말하고, 자리를 잡고 앉았다. 차 안에는 늙은 운전자 외에는 아무도 없었다. 운전자는 무언가 궁금한 것이 있지만, 영어를 잘 못하는지 입술을 조금 들썩하다가 잠자코 있었다. 대신 라디오에서 흘러나오는 노래를 따라 부르며 흥거워했다.

시내의 반짝이는 네온사인들이 보이기 시작하자, 우리는 이쯤에서 내리겠다고 말했다. 그리고 비용이 얼마인지 물었다. 늙은 운전자는 손을 들어 보이며, 돈은 필요 없다는 표시를 했다. 반 성 앞에서는 어두워서 몰랐지만, 도시의 불빛 속에 드러난 그의 차는 돌무시가 아니었다. 우리는 본의 아니게 돌무시가 아닌 현지인의 차를 아무 생각 없이 얻어 탔던 것이다. 이스탄불의 술탄 호스텔에서 알게 된 알리가 가르쳐 준 고맙다는 말, '테쉐큐르에데림 Tesekkur ederim'을 내가 발음해 보이며 웃자, 그도 웃었다. 그의 하얀 콧수염도 같이 웃는 것 같았다.

그 밤 우리는 터키 여행을 마무리하며 마지막으로 케밥을 먹고, 당분간은 맛보기 힘들 쫀득쫀득한 아이스크림 돈두르마를 먹고, 인터넷 시설이 열악할지도 모르는 이란에 대비해 이메일 체크도 해두었다.

이제 우리는 7)압바스 키아로스타미^(Abbas Kiarostami)의 나라, 이란으로 간다.

---

7) 압바스 키아로스타미(Abbas Kiarostami)는 이란의 유명한 영화감독으로 이란 3부작이라 하는 「내 친구의 집은 어디인가」, 「그리고 삶은 계속되고」, 「올리브나무 사이로」를 내놓으며 각광받기 시작하여 1997년에는 「체리 향기」로 칸 영화제에서 황금종려상을 수상했다. 또한 1999년 「바람이 우리를 데려다 주리라」로 베니스 영화제 심사위원 대상 특별상을 수상하는 등 이란 뿐 아니라 아시아를 넘어 세계적인 영화의 새로운 거장으로 인정받고 있다.

#02 Iran Story

보석 같은
사람들이 사는 곳,
이.란.

압바스 키아로스타미 감독의 영화
『내 친구의 집은 어디인가』를 아는 사람이라면
이란에 대한 향수 하나쯤은 갖고 있는 것 같다.

차도르를 쓴 여인들의 검은 물결과
무게 때문에 살 수 없어 안타까웠던 아름다운 카펫들과
아름다운 모스크가 있는 곳.
보석 같은 사람들이 사는 곳.

그리고 후세인이라는 이름이
우리나라의 철수나 영희만큼이나
많다는 것을 알게 된 곳.

story # 01

검은 물결 속으로
들 어 서 다

울루미예 Orumiyeh

    터키의 반^{Van}에서 출발한 버스는 다섯 시간쯤 달려 이란의 울루미예 Orumiyeh라는 도시에 도착했다. 중간에 국경에 내려서 입국 스탬프를 받을 때, 나는 잽싸게 가방에서 스카프를 꺼내 쓰고는 이민국 직원에게 여권을 내밀었다. 똑같은 이슬람 국가라도 터키와 달리 이란은 공공장소에서 엄격하게 여성의 히잡 착용이 지켜져야 한다. 외국인이라고 해서 예외는 없으므로 나 역시 머리에 스카프를 써야 했다. 이민국 직원은 내 여권을 찬찬히 훑어보더니 미국 비자가 붙어 있는 면을 보고는 '미국 비자네?'라고 물었다. '그래, 하지만 그냥 비자일 뿐이야.' 라고 나는 대답했다. 미국과 이스라엘에 적대 감정을 갖는 이란은 여권에 붙어 있는 미국 비자에도 신경이 쓰이는 모양이다.

    내가 터키를 벗어났다는 것을 실감한 것은 국경의 이민국을 지나 울루미예행 버스를 타러 가면서 보았던 간판들의 글씨 때문이다. 터키어는 알파벳으로 되어 있어서 읽을 수는 있었는데 이란의 파르시^{Parsi}라는 문자는 도무지 알아볼 수가 없었다. 이란에서는 아라비아 숫자도 쓰지 않으므로 우리는 숫자조차도 읽을 수가 없어 정말 눈뜬장님과 같은 처지였다.

내가 아는 이란은 두 가지의 검은색으로 상징되고 있다. 하나는 여성들의 검은 차도르, 또 하나는 기름. 내가 이란이라는 나라에 관심을 갖게 된 것은 종교도 아름다운 모스크도 아닌, 대학 때 본 한 편의 영화 때문이었다. 압바스 키아로스타미라는 발음하기도 어려운 감독 이름을 기억하게 했던 『내 친구의 집은 어디인가』라는 영화이다. 이란에서는 이념이 담긴 영화는 찍을 수가 없기 때문에 주로 아이들이 나오는 영화가 많다고 한다.

이란의 첫 도시 울루미예로 향하는 버스 안에서 나는 압바스 키아로스타미의 영화 『내 친구의 집은 어디인가』에서 친구의 집을 찾아 꼬마가 열심히 달리던 황톳빛 길을 떠올렸고, 『올리브 나무 사이로』의 마지막 장면에 나오던 수많은 올리브 나무들을 떠올렸다.

드디어 울루미예 버스터미널에 도착했다. 주변에 은행 같은 것이 보이지 않아서 우리는 한 에이전시에서 남아있던 터키 리라(예텔레)를 이란의 화폐 리알^{Rial}로 바꾸고, 배가 고파 일단 버스터미널을 벗어나서 식당에서 허기를 채우기로 했다. 버스터미널을 벗어나는 순간, 큰 배낭을 짊어지고 땀으로 번들거리는 우리를 신기한 듯 호기심 어린 눈으로 바라보는 시커먼 차도르의 큰 눈을 가진 여인들이 보였다. 우리는 질주하는 자동차들 때문에 4차선 도로에서 길을 건너는 데 한참이나 걸렸다. 남편은 질주하는 차들 때문에 내 손을 꼭 잡고 뛰었다. 가이드북 론리플래닛의 이란 편에는 이런 글이 있다. 이란에서 가장 위험한 것은 테러도 강도도 아닌, 바로 '질주하는 차들'이라고.

길을 건너니 몇 개의 허름한 식당이 있었지만, 도무지 메뉴를 읽을 수 없었고, 영어가 통하지 않아 우리는 주린 배를 움켜쥔 채 다시 버스터미널로 돌아와야 했다.

우리의 목적지는 8)카샨Kashan이었지만, 카샨으로 바로 가는 버스가 없어서 우선 테헤란으로 가기로 했다. 울루미예에서 테헤란까지는 13시간이 걸린다. 버스표를 사고 나니 버스가 출발하기까지 약 한 시간이 남았다. 나는 버스터미널에서 배낭을 지키며 기다리고, 남편이 혼자 나가서 먹을 것을 사오기로 했다.

남편을 기다리면서 나는 가이드북을 펼쳐 우선 이란의 숫자부터 외우기로 했다. 숫자를 외우는 동안에도 신기한 듯 나를 향하는 이란 사람들의 시선이 느껴졌다. 그러다가 내가 가이드북에서 눈을 떼고 고개를 들면 사람들은 얼른 시선을 다른 곳으로 피했다. 적어도 대놓고 쳐다보는 인도인들같이 노골적인 면이 없어서, 나는 그들의 딴청에 웃음이 났다.

특히 나를 유심히 바라보던 한 이란 여성의 모습에 나도 모르게 피식, 하고 웃음이 새어 나왔다. 그녀는 머리에 스카프를 했는데, 스카프 밖

---

8)카샨(Kashan)은 이란 중북부의 사막지대에 위치한 도시이다. 7,000년 전의 시알크 지구라트(피라미드 형태의 신전)가 카샨 교외에 서 있다.

으로 보이는 앞머리만 염색을 했다. 스카프가 살짝 밀려 드러난 뒷머리 부분은 머리카락 색이 달랐다. 이란 여성들도 멋 내는 것을 좋아하는구나. 저렇게 히잡이나 차도르로 꽁꽁 가려야 해도, 밖으로 보이는 부분은 어떻게든 멋을 내는구나. 이 세상에 꾸미고 치장하는 것을 싫어하는 여자가 어디 있겠는가.

버스 시간이 다 되어서 남편이 돌아왔다. 맨송맨송한 닭고기와 밥을 포장해왔다. 버스에 타자마자 우리는 얼마 남지 않은 튜브 고추장을 짜서 게걸스럽게 밥을 먹기 시작했다. 좀 창피하기도 했지만, 체면이 밥 먹여 주나. '닭고기 어떻게 사왔어? 말이 통했어?' 라고 묻자, 남편이 대답했다.

"꼬꼬댁하면서 날갯짓을 했지. 그러니까 주더라. 역시 국제어는 영어가 아니라 보디랭귀지라니까."

버스는 밤새 달려 다음날 아침 테헤란에 도착했다.

story # 02

고마워요,
후세인 아저씨

테헤란 Teheran

혼자, 그리고 함께한 90일간의
아시아 여행기

울루미예에서 테헤란까지는 열세 시간이 걸렸다. 밤새 달린 버스는 다음날 아침 테헤란의 이름 모를 버스터미널에 우리를 내려 주었다. 테헤란에는 네 개의 버스터미널이 있는데, 우리가 원하는 카샨으로 가기 위해서는 남쪽 방향으로 가는 버스들이 출발하는 터미널로 가야했다.

지금은 우리나라에서조차 보기 힘든 프라이드 자동차가 몽땅 이란에 와 있는 듯한 느낌을 줄 만큼 넘쳐났다. 한 치의 양보도 없이 질주하는 차들과 그 사이를 아슬아슬하게 건너는 사람들, 그리고 합승 택시share taxi 인 사바리. 테헤란에 머물고 싶은 마음이 없었다.

울루미예에서 타고 온 버스에서 내려 우리는 카샨행 버스가 출발하는 남부버스터미널Southern Bus Terminal로 가려고 터미널 밖으로 나왔지만 막막하기만 했다. 도대체 카샨행 버스가 출발하는 터미널까지 버스로 가야할지 지하철로 가야할지, 지하철로 간다면 어디로 가서 탈 수 있을지, 아무것도 감이 잡히지 않았다.

론리플래닛 중동 편의 테헤란 지도만 뚫어져라 한참을 보았지만, 지금 우리가 서 있는 곳이 지도 어디쯤 위치해 있는지조차 짐작할 수가 없었다. 이래서는 안 되겠다 싶어 어디로 가야 지하철을 탈 수 있을지 사람들에게 물었다. 우리가 길을 물어본 중년의 남자는 우리의 무거운 배낭을 힐긋 보더니, 지하철을 타러 걸어가기에는 조금 멀다고 말했다. 택시를 타라고 하는데 이란의 화폐인 리알이 얼마 없어 난감하기만 했다. 이란에서는 ATM을 사용할 수 없는데 주변에는 은행도 보이지 않았고, 설령 있다 해도 아침 7시도 안 된 시간이라 문을 열 때까지 기다려야 했다.

어떻게 해야 할지 막막해서 질주하는 차들만 멍하니 바라보고 있는 우리가 안쓰러웠는지, 지하철역까지 택시를 타라고 말했던 중년의 남자는 우리에게 다가와 잠시만 기다려보라고 말했다. 영어가 서툰 그는 간신히 띄엄띄엄 단어로만 말했고 자신은 후세인이라며 반갑게 악수를 청했다. 낯선 도시에서 처음 만난 남자의 호의가 고마웠지만, 그의 기다리라는 말의 의미를 잘 이해할 수 없었다. 그가 우리에게 무언가 원하는 것이 있는 건 아닌지, 이상한 가게에 데려가거나 약을 탄 음료를 주는 것은 아닌지 긴장의 촉수를 세우고, 우리는 쭈뼛쭈뼛 서 있었다. 곧 차가 올 거라고 그가 더듬더듬 영어로 말했다. 택시가 아닌 아저씨의 자동차를 의미하는 것 같았다. 그의 옆에는 검은 차도르를 입은 여자도 있어 우리는 부질없는 의심을 하지 않기로 마음먹었다. 사실 이란의 화폐인 리알도 없고, 은행 문도 열지 않은 그 시각에 달리 어찌할 방법도 없어서 아저씨 옆에서 아저씨가 온다는 차를 기다리기로 한 것이다.

잠시 후 앞좌석에 두 명의 젊은 남자가 탄 프라이드 베타 자동차가 우리 앞에 멈춰 섰다. 그들은 아저씨의 아들인 듯 보였다. 그 작은 차에 후세인 아저씨와 이란 여인과, 두 젊은 남자와 우리 두 명이 끼어서 타야

하는 상황이었다. 낯선 남자를 여자 옆에 앉히지 않는 이란 사람들이었으므로, 뒷좌석에는 후세인 아저씨의 아들 한 명, 그리고 남편과 내가 나란히 탔다. 앞좌석에는 아저씨의 다른 아들이 운전석에 앉고, 다른 한 좌석에 아저씨와 아저씨의 부인이 같이 앉았다. 우리 때문에 이런 불편을 감수하는 그들 가족에게 얼마나 고마웠던지.

처음 우리는 아저씨가 우리를 지하철역에 내려줄 것이라고 생각했다. 그러나 프라이드는 한참을 달리더니 어느 버스터미널 앞에 도착했다. 터미널 앞에 내려주면서 후세인 아저씨는 '이곳에서 카샨행 버스를 탈 수 있다. 버스는 자주 출발하니, 우리 집에 가서 아침 먹고 가면 어떻겠느냐?' 라고 권하셨다. 잠시 망설이던 우리가 '고맙지만 카샨행 버스를 타야한다.' 라고 조심스레 거절하자, 아저씨는 버스 안에서 먹으라고 눈Nun이라는 얇은 빵과 치즈를 챙겨 주셨다. 처음 만난 낯선 이방인에게 호의를 베풀어준 후세인 아저씨 가족에게 우리는 그제야 환하게 웃으며 고맙다고 말할 수 있었다. 우리가 차에서 내려 배낭을 다시 멜 때까지도 가족들은 차를 출발시키지 않고, 한참을 손을 흔들며 작별 인사를 해주었다. 그리고 우리는 이란의 도시마다, 이방인에게 이렇게 식사 초대를 해주는 가족들을 만날 수 있었다.

고마워요, 후세인 아저씨. 아저씨 덕분에 우리는 이란이 좋아졌어요. 한국에 돌아가면 이란은 우리가 생각하는 것처럼 위험한 나라가 아니라고, 친절한 사람들이 가득한 나라라고 사람들에게 알릴게요!

story # 03
레일라 아주머니
테헤란 Teheran

후세인 아저씨의 도움으로 카샨행 버스가 출발하는 버스터미널에 무사히 도착할 수 있었다. 버스터미널에는 수많은 버스회사가 다닥다닥 붙어 있었다. 카샨행 버스 가격을 물으니 1인당 22,000리알(US $1=약 9,000리알)이라고 한다. 환전을 해야 하는데 은행은 8시에 문을 연다고 하니 터미널 안에서 기다리는 것 외에는 방법이 없다. 그러나 아뿔싸! 오늘은 금요일. 이란의 은행들은 금요일이 휴무라고 한다.

환율이 나쁘긴 하지만 터미널 내에 있는 에이전시들을 돌아다니며 환율을 물어보고 그 중 제일 나은 곳에서 환전을 해오겠다고 남편이 일어섰다. 나를 신기한 듯 주시하는 이란인들 속에서 나는 혼자 벤치에 앉아 짐을 지키고 있었다. 옆에 앉은 검은 차도르를 쓴 한 중년의 여인이 어설픈 영어로 내게 말을 건다.

"어느 나라 사람이야?"

"코리아."

"이란이 좋아?"

"네, 아주 좋아요."

아주머니는 이란이 아주 좋다는 내 대답에 회심의 미소를 지으며 다시 묻는다.

"그 사람은 오빠야?"

"아뇨, 제 남편이에요."

이란인들은 남자친구와 여행하는 것은 상상을 못하는지 늘 남편과 나를 남매 사이냐고 먼저 묻곤 했다. 아주머니는 그가 남편이라는 내 대답에 고개를 크게 끄덕인다. 그때 남편이 다가와서 말했다. 한 에이전시에서 1달러에 8,500리알로 환전해 주겠다고 했다고, 얼마나 바꿀 것인지를 묻는다. 울루미예에서 1달러에 9,000리알에 환전한 것을 생각해보면 환율이 나쁘다. 그러나 우리에겐 선택의 여지가 없다.

우리의 대화를 유심히 듣고 있던 아주머니는 무슨 문제가 있느냐고 묻는다. 은행이 문을 닫아 터미널의 티켓 오피스에서 환전을 해야 한다고 말하니, 아주머니는 그러면 자신이 해주겠다고 한다. 환율이 어떻게 되는지 잘 모르셨는지 1달러에 10,000리알이면 되겠냐고 말한다. 아직 은행에 가보지 않아 정확한 환율은 모르지만 어제 울루미예에서 1달러에 9,000리알에 환전을 했으니 9,000리알이면 충분하다고 말했다. 그렇게 우리는 아주머니에게서 50달러를 환전했다.

아주머니 핸드백에 그렇게 많은 현금이 들어있는 게 조금은 의심스러웠지만, 그녀는 자신의 이름은 레일라^{Leyla}이며 코라마바드^{Khorramabad}에 살고 테헤란^{Teheran}에는 NGO 세미나 때문에 왔다고 소개했다. 그리고 지금 집으로 돌아가는 버스를 기다리던 중이라고 설명해 주었다. 레일라 아주머니 옆에는 친구인 듯한 역시 검은 차도르를 쓴 여인이 있었는데, 그녀 역시 우리에게 호기심과 친절을 잔뜩 머금은 눈빛으로 같이 코라마바드에 가지 않겠냐고 묻는다.

우리는 지금 카샨에 가야한다고 말하니, 아주머니는 내가 들고 있던 가이드북 론리플래닛에 아주머니의 집주소를 적어주며, 언제든 놀러오고 싶을 때 오라고 말한다. 아, 이런 우린 테헤란을 그냥 통과했지만 너무나 좋은 사람들을 만났다. 이렇게 친절하고, 사심 없이 자신의 주소를 적어주며 위급할 때 또는 언제든 놀러 오라고 말해준 이란인들이 도시마다 여럿 있었으니, 이란은 보석 같은 사람들이 사는 곳임이 틀림없다.

　레일라 아주머니, 잘 지내세요? 그때 아주머니가 환전해 주어서 얼마나 고마웠는지 몰라요.

story # 04

스카프는 불편해

카샨 Kashan

테헤란에서 카샨에 이르는 길은 아스팔트가 곧게 뻗어 있다. 덥고 황량한 바깥 풍경과 달리 버스 안은 에어컨 덕에 시원하다. 버스 차장이 음료수와 과자도 준다. 터키에서 만난 어느 여행자가 이런 말을 했었다. 이란은 물값보다 기름값이 싸다고. 그래서 장거리 버스비가 아주 저렴하고, 휴게소에 버스가 정차할 때도 시동을 끄지 않고 에어컨을 빵빵하게 틀어놓는다고.

카샨 버스터미널은 소박한 모습이다. 초등학교 운동장만 한 크기의 공터에 버스들이 줄지어 서 있다. 택시를 잡아타고 숙소를 찾아 나섰다. 테헤란에 비한다면 카샨은 아담한 도시이다. 황톳빛 집들이 정겹고, 각종 향신료와 카펫 등을 파는 이란의 전통시장 바자르^{Bazaar}가 있고, 역시나 질주하는 자동차들이 있다. 9월 중순의 이란은 꽤 무덥다. 게다가 나는 긴 치마에 긴 티를 입고, 머리에는 스카프까지 써야 되니 더욱 힘들다. 더워서 여기저기 숙소를 찾아 헤맬 여유가 없어 택시를 타고 도착한 첫 번째 숙소에 무조건 짐을 풀었다.

숙소는 깔끔하지만 시설은 소박하다. 작은 방에는 작고 딱딱한 침대가 두 개 놓여 있고, 키가 큰 선풍기가 하나 있다. 그게 시설의 전부이다. 당연히 한국 여행자는 눈에 띄지 않는다. 다른 외국인 여행자도 없다. 배가 고파 숙소에 짐을 풀고 밖으로 나갔지만, 거리가 너무나 조용하다. 식당들도 모두 문을 닫았다. 오늘은 금요일이다. 무슬림들에게 금요일은 휴일이고 예배를 드리는 날이다. 그러나 준비가 되지 않은 여행자에겐 잔혹한 요일이다.

굶주림과 더위에 지쳐 일단 우리는 숙소에서 쉬기로 했다. 숙소의 우리 방에서 화장실이나 샤워실을 가려면 복도를 쭉 걸어서 좌회전을 해야 한다. 밖에서야 어쩔 수 없이 스카프를 썼지만 숙소로 들어오니 여간 귀찮은 게 아니다. 문을 빠끔히 열고 복도에 아무도 없는 것을 확인하고 후다닥 화장실로 가는데 어떤 남자가 방문을 열고 나오려다가 나를 보고 혼비백산하여 문을 닫고 들어가 버린다. 나도 덩달아 깜짝 놀랐다. 그리고 그만 웃음이 나왔다. 나는 스카프를 쓰지 않고 있었던 것이다! 그래서 그 이란 남자는 저렇게 놀라서 못 볼 것을 본 사람처럼 문을 닫아버린 것이다. 알았어요, 앞으로는 스카프 잘 쓰고 다닐게요.

story # 05

소풍 같은 하루
아비야네 Abyaneh

여행자들에게 카샨이 알려진 이유는 대부호들의 아름다운 저택과 82km 남쪽에 위치한 황톳빛 올드타운 아비야네^{Abyaneh} 때문이다.

10년 전 압바스 키아로스타미의 영화 『내 친구의 집은 어디인가』에서 처음 접하게 된 이란. 영화 속에서 친구의 숙제 공책을 돌려주기 위해 친구 집을 찾아 황톳빛 길을 달리던 꼬마 아이를 떠올리며 아비야네로 향하는 발걸음은 온통 설렘이다. 아비야네는 붉은색 진흙으로 지어진 옛집들이 있는 곳이기 때문이다. 골목 어귀에서 열심히 뛰고 있는 꼬마 아이가 있진 않을까 두리번거리는 내 모습이 우습다.

아비야네를 찾은 날이 토요일이어서 그런지 근교에서 이곳으로 나들이 나온 이란 현지인들을 많이 볼 수 있었다. 이란인들은 호기심 가득한 눈빛으로 이방인인 우리를 쳐다보지만, 인도인들처럼 무례하게 질문을 하거나 치근덕대지는 않았다. 그저 호기심으로 흘깃흘깃 바라보는 것이며, 위급할 땐 언제든 도움의 손길을 내밀어 준다.

아비야네의 집들은 황톳빛이라기 보다는 핑크빛에 가까운 흙집으로, 창마다 다양한 문양으로 섬세하게 나무 창살을 한 것이 아름다웠다. 여성들의 스카프와 의상은 다른 지역과 달리 화려했다. 흙집의 온기 덕분인지 골목에서 만난 사람들은 모두 따스한 미소를 지어 주었다. 당나귀를 타고 지나가던 할아버지는 내가 카메라를 가리키며 사진을 찍어도 되는지 묻자 다정하게 손을 흔들어 주셨고, 빨래를 널던 아주머니도 미소 지어 주었다. 어느 젊은 이란 여성은 요즘 영어를 공부하는데, 스피킹 실력을 늘리고 싶다며 자진해서 우리의 가이드가 되어 주기도 했다.

아름다운 아비야네의 올드타운을 구석구석 누비느라 시간 가는 줄 몰랐던 우리는 한낮의 태양빛에 지쳐 잠시 쉬기로 했다. 나무 그늘이 있고, 물이 졸졸 흐르는 곳에 앉아 쉬면서 바자르에서 사온 청포도를 꺼내 허기를 채우고 있었다. 그냥 돌 위에 앉은 우리가 안쓰러웠던지 돗자리에 같이 앉으라고 한 아저씨가 권해주셨다. 그의 호의를 거절할 수가 없어서 돗자리 귀퉁이에 우리는 조심스레 앉았다. 다른 쪽 돗자리의 아저씨 가족이 해바라기 씨를 먹으라고 갖다 주었다. 그러자 맞은 편 돗자리의 가족들은 콜라와 먹을 것을 가져왔다. 우리가 비닐에 담긴 청포도를 먹는 모습을 보고, 그릇에 담아 먹으라고 그릇을 주는 이도 있었다. 갑자기 여기저기 돗자리에서 점심을 먹으며 쉬던 이란 가족들이 너나 할 것 없이 먹을 것을 조금씩 나눠주었다.

그들의 친절에 당황한 우리는 어찌할 줄을 몰랐지만, 정을 표현해주고 먹을 것을 나눠준 이란인들 때문에 가슴 속에서 뭉클한 것이 올라오는 것을 느꼈다. 여행을 많이 다니면서 때로는 사기도 당하고, 때로는 현지인들의 친절과 넉넉한 웃음에 감동도 받았지만, 이렇게 친절하고 정이 많은 사람이 가득한 나라는 처음이었다.

우리는 이란과 사랑에 빠졌다.

story # 06

이란 여행을
힘들게 하는 것들
이스파한 Esfahan

　　이란을 찾은 여행자라면 절대 이스파한Esfahan을 놓치지 않는다. 그만큼 이스파한은 이란의 최고 여행지 중 하나이다. 이스파한에는 활기찬 바자르가 있고 아름다운 모스크들이 있는 고대 페르시아의 보석 같은 도시이다. 그러나 여행자가 많이 찾을수록 바가지요금은 성행하기 마련이다.

　　1리터에 100원이 채 안 될 정도로 물값보다 기름이 싼 나라 이란. 엄격한 무슬림 국가지만, 친절한 페르시아인들. 버스터미널 앞에 진을 치고 있는 택시기사들만 아니라면 이란 여행은 100배쯤 즐거울 것이다. 인도의 3륜 자동 인력거인 오토릭샤Auto Rickshaw 운전사들만큼이나 이란의 합승 택시인 사바리Savari기사들은 여행자들에게 현지인들의 몇 배에 해당되는 요금을 받아낸다.

　　처음에 우리는 이스파한의 버스터미널에서 숙소까지 갈 사바리 택시를 물색 중이었다. 터미널 안에서 손님을 기다리고 있던 택시가 여럿 있었고, 그 중 한 택시 기사가 '옳지, 잘 걸렸다.' 라는 표정으로 우리에게 다가왔다. 처음에 사바리 운전기사는 우리 둘을 합해 20,000리알을 부르더니, 우리가 다른 사바리를 타겠다고 하자 인심 쓰듯 15,000리알로 깎아주었다. 뒷자리에는 우리 둘이 앉았고, 운전기사는 앞자리에 손님 한 명을 더 태우더니 출발했다. 앞자리에 앉은 현지인 손님이 운전기사에게 요금으로 3,000리알을 주는 것을 나는 똑똑히 보았다. 이럴 수가!

우리 둘은 합해서 15,000리알을 받아놓긴! 물론 목적지가 멀면 요금을 더 낸다. 그러나 앞자리의 그 손님은 우리보다 고작 2~300미터 전에서 내렸다.

이란에서 길을 건너는 것은 참으로 어려운 일이다. 쌩쌩 달리는 차들을 이리저리 요령껏 피해 길을 순식간에 건너기란, 횡단보도의 초록색 신호등을 기다리는 습관에 익숙해진 우리에겐 쉬운 일이 아니다. 그러나 우리는 한 가지 요령을 터득했다. 길을 건너는 현지인 옆에 바짝 붙어서 건너는 것이다!

또한 이란에 대한 안 좋은 기억에 일조를 한 것은 택시나 길 건너기가 아닌 숙소 아미르카비르 호스텔^{Amir Kabir hostel}이었다. 론리플래닛에서 첫 번째로 소개한 숙소답게 제법 많은 외국인 여행자들을 볼 수 있는 이곳은 론리플래닛에서 소개한 가격보다 엄청나게 올라 있었다. 론리플래닛에는 세탁비가 값싸다고 나와 있지만, 이제 그런 것은 구석기 시대에나 가능했던 일이 되어버렸다. 아미르카비르 호스텔은 불친절하며, 빨래 1kg당 15,000리알의 요금을 받았다. 게다가 우리는 그만 이곳에서 벼룩에 물렸다. 온몸이 가려워서 밤새 잠을 이루지 못했고, 결국 이 아름다운 도시를 곧 떠나게 한 결정적인 원인을 제공했다.

혼자, 그리고 함께한 90일간의
아시아 여행기

그럼에도 우리가 이스파한이 좋았던 건 시오세Si-o-She 다리와 그 밑의 노천카페에서 마시는 차이 한 잔과 물담배였다. 시오세 다리는 33개의 아치가 특히 아름다워서, 해질녘이면 우리는 매일 시오세 다리 옆 노천카페에 앉아 시원하게 불어오는 저녁 바람을 맞으며 다리를 바라보았다. 그 시간쯤이면 이스파한에 머무는 외국인 여행자들이 모두 시오세 다리 앞으로 모이는지, 이란 여행을 통 털어 마주치게 된 외국 여행자들보다 많은 수의 여행자들을 만날 수 있었다.

숙소에서 시오세 다리까지 걸으며 구경하던 차하르바흐 압바씨Chahar Bagh Abbasi 거리도 즐거움 중의 하나였다. 그 거리에서 길거리 아이스크림을 사먹고, 히잡을 사고, 영화관을 구경했다. 이란의 영화관에서는 외국 영화는 상영을 안 하는 모양이다. 국내 영화들만 걸려 있었고 여배우는 히잡을 착용하고 있었다.

나는 히잡을 쓰는 게 영 어색하고 서툴러서, 길을 걷다가도 툭하면 흘러내렸다. 길을 걷던 사람들이 놀라서 내 쪽을 보거나 애써 시선을 외면하는 것을 보게 되어 머리를 만져보면, 어김없이 나의 히잡은 어깨로 흘러내려 있었다. 당사자인 나보다 주위의 이란 사람들을 난처하게 했던 나의 히잡. 더운 날씨에 몸의 곡선을 가리는 펑퍼짐한 옷차림과 긴 치마, 그리고 머리를 가리는 히잡 차림은 여름철이라면 으레 탱크톱과 반바지로 생활하던 내게 많은 인내심을 요구했다.

그럼에도 우리가 에스파한을 좋아했던 건

시오세 다리와 그 밑의 노천카페에서 차이를 마시며, 물담배를 피우는 것.

story # 07

이란 여성에 대한
어떤 것

이스파한 Esfahan

    이스파한에서 시내버스를 탈 일이 있었다. 현금은 낼 수가 없고 회수권처럼 생긴 종이 티켓을 내야하는데, 어디서 사야하는지 몰라 갈팡질팡하고 있을 때, 친절한 이란 남자가 종이 티켓을 두 장 주었다. 이란에 오래 있다가는 공짜에 익숙해질지도 모를 일이다.

    우리가 타야할 버스가 왔고, 나는 당연히 아무 의심 없이 자연스럽게 버스 앞문 쪽으로 걸어가 남편과 함께 버스에 올라탔다. 버스 안에는 사람이 많았고, 우리는 자연스럽게 뒤쪽으로 쏠려가게 되었다. 버스 뒤쪽으로 갔을 때, 나는 온통 시커먼 물결에 그만 '아!' 하고 숨을 내쉬고 말았다. 버스의 뒤쪽은 여성 전용이어서 시커먼 히잡이나 차도르를 쓴 여인들의 모습만 볼 수 있었다. 덕분에 우리 부부는 좁은 버스 안에서 생이별을 해야 했다. 남편은 여성 전용인 뒤쪽으로 올 수 없어서 버스 중앙에 서 있었고, 나는 뒤쪽에 서 있었다.

    이란의 시내버스는 우리나라 버스와는 달리 앞문은 남자가 탈 때, 뒷문은 여자가 탈 때 사용한다. 그러면 버스 요금은 어떻게 내는지 유심히 봤더니 여성들은 뒷문으로 탔다가 뒷문으로 내리는데, 내릴 때 운전기사도 같이 내려서 뒷문 쪽에서 요금을 받았다. 참 번거로운 시스템이지만, 이슬람 국가 특유의 여성을 보호하는 의미가 강한 시스템이기도 하다.

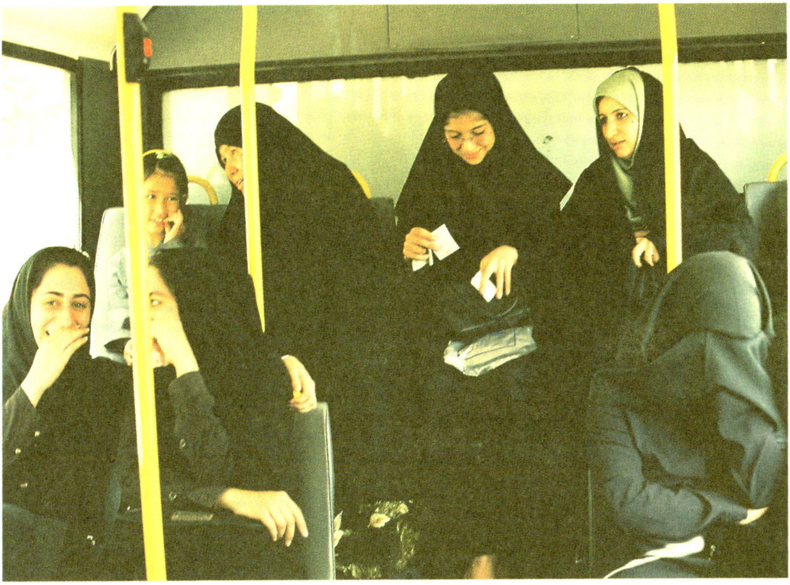

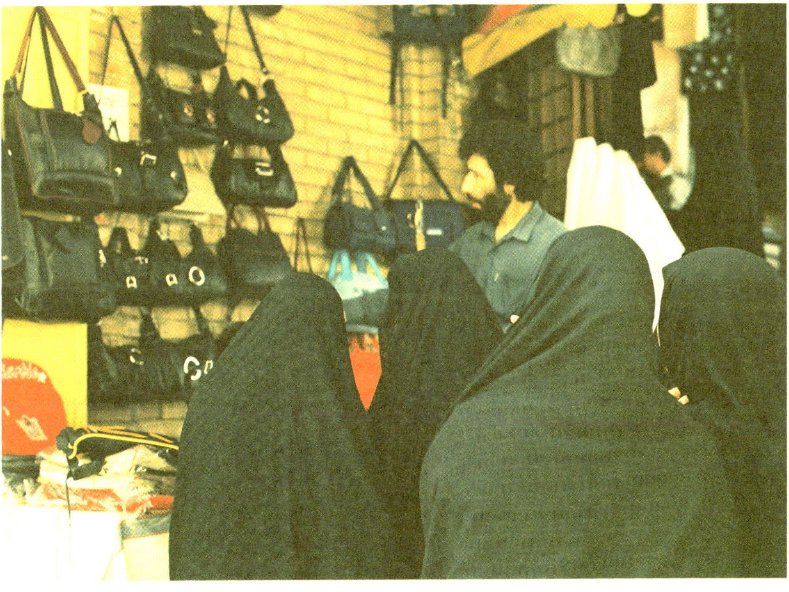

이란 여성들은 차도르라고 하는 검고 긴 천을 머리에 두르고 다닌다. 차도르^{Chador}는 이슬람어로 '검은 천막'이라는 뜻이라고 한다. 차도르 안에는 머리 부분에 고무 밴드가 있어 흘러내리지 않는다. 대체로 젊은 여성들은 히잡이라는 스카프를 두르고, 몸의 곡선이 드러나지 않는 복장을 한다. 하지만 그녀들 나름대로도 멋을 내느라 스카프 앞쪽으로 드러나는 머리카락만 염색하거나 스카프를 느슨하게 매기도 했다. 형형색색의 스카프를 옷 색깔과 매치해서 멋을 내는 건 흔한 일이다. 히잡 착용은 한여름엔 무척 더워서 힘들긴 했지만, 나는 그녀들의 스카프가 바람에 흩날리는 모습이 그리 예뻐 보일 수 없었다. 뭐랄까, 고혹적인 아름다움이랄까. 노출을 많이 해야 아름다운 게 아니라는 걸 이란 여성들을 보면서 깨달았다.

버스터미널의 공용화장실에서 본 이란 여성들의 쾌활한 모습은 아직도 눈에 선하다. 세면대 앞의 큰 거울에 옹기종기 모여 히잡을 벗고 화장을 고치는가 하면, 스카프를 고쳐 매기도 하고, 앞머리를 만지기도 한다. 그녀들이 입고 쓰고 있는 옷은 그저 그런 까만색의 비슷한 것들이 아니다. 나름대로 무늬가 있고, 질감이 있다. 그녀들도 똑같은 여자인 것이다.

한번은 버스터미널에서 젊은 이란 여성을 만나 대화를 나눈 적이 있었는데, 그녀에게 차도르가 불편하지 않은지 물은 적이 있었다. 그러자

그녀는 그것이 여성을 보호하는 역할을 하며, 전혀 불편하지 않다고 말했다. 학교에 다니기 시작하는 나이쯤이면 이란 여성들은 히잡을 두른다. 그러니 그들에겐 그것이 몸의 일부와 같을 것이다. 여자들이 한여름에도 브래지어를 아무 불편 없이 착용하는 것처럼.

검은 차도르와 색색의 스카프를 두르긴 했지만, 이란 여성들은 예상 외로 적극적이다. 여러 명의 여성이 따라와 사진을 같이 찍자고 한 경우도 있었고, 먼저 말을 거는 여성도 많았다. 그러나 같이 사진을 찍을 때는 낯선 남자인 내 남편과의 적당한 간격을 꼭 유지했다. 그 모습이 얼마나 우스웠던지. 사진을 찍자고 쫓아올 때는 십대 소녀팬들을 연상시켰지만, 정작 같이 사진을 찍을 때면 낯선 남자와는 어느 정도 간격을 꼭 유지하였다.

이스파한에서도 여러 명의 이란인으로부터 주소를 받았다. 사진 한 번 같이 찍었다는 인연으로 그들은 우리를 자신의 집으로 초대했다. 손님 접대에 관대한 그들. 그리고 넉넉한 마음.

story # 08

어느 신혼부부와의
점심식사

이스파한 Esfahan

　이맘 모스크Imam Mosque 근처의 한 전통 레스토랑에 점심을 먹기 위해 들렀다. 꽤 유명한 곳이었는지 많은 사람이 순서를 기다리고 있었다. 레스토랑 내부는 색색의 유리 타일로 장식되어 있어서 아라비안나이트The Arabian Nights' Entertainment의 분위기를 풍겼다. 저녁이면 스카프로 얼굴을 가린 무희가 나와서 춤을 출 것만 같았다. 이 레스토랑의 특이한 점은 테이블과 의자가 없다는 것이다. 각각의 독립된 공간에 신발을 벗고 앉아서, 마치 원두막에 모여 앉아 수박을 먹듯 바닥에 비닐을 깔고 그 위에 음식을 놓고 먹는다.

　우리 바로 앞 순서인 듯한 한 젊은 이란 부부가 보였다. 그들은 순서가 되자 일어서면서 우리에게 같이 앉겠느냐고 권했고, 배가 고팠던 우리는 흔쾌히 응했다. 이란의 음식은 별로 다양하지 않다. 가장 흔한 것이 케밥인데 보통 닭고기, 소고기, 양고기가 있다. 터키는 고기를 잘게 썰어서 빵 사이에 넣어주는 식의 케밥이지만, 이란의 케밥은 꼬치 형태이다. 케밥과 밥 또는 눈Nun이라는 빵이 나왔다. 인도의 난Nan과 비슷하다. 이란 음식보다는 인도 음식이 더 다양하고, 솔직히 내겐 인도 음식이 더 입에 맞는 것 같다. 술도 팔지 않는 이란에서는 가끔 시원한 맥주가 그리울 때도 있었다.

동석하게 된 이 신혼부부는 이란의 엘리트같아 보였다. 집은 테헤란에 있고, 둘 다 건축을 전공했으며 대학 때 만나 3년간 연애하고 결혼한 뒤 지금 이스파한으로 신혼여행을 왔다고 했다. 여자는 스카프를 아주 느슨하게 매서 목선이 훤히 드러나 있었다. 까만 차도르를 쓴 다른 이란 여성들과는 많이 대비되는 모습이다. 이들이 영어를 잘했기 때문에 나는 궁금한 것들을 물어볼 수가 있었다.

"이슬람 국가는 일부다처제가 가능한 걸로 아는데, 이란은 어때요?"

"파키스탄 같은 나라는 일부다처제지만 우리는 거의 일부일처제에요."

"결혼하면 분가해서 사나요? 아니면 부모님과 사나요?"

"부모님과 함께 사는 경우도 있지만, 우리는 분가해서 살고 있어요."

"결혼은 양가 어른들이 선을 통해 권하나요? 아님 연애결혼이 많은가요?"

"반반인 것 같아요. 요즘은 우리 같은 연애결혼이 늘고 있어요."

그들은 우리에게 이란을 여행 중이냐고 물었다. 우리는 긴 신혼여행 중이고, 아시아를 횡단해서 한국으로 가고 있다고 대답했다. 신혼여행으로 세계일주라니, 대단하고 또 부럽다고 그들은 말했다.

그들은 우리에게 이란을 여행 중이냐고 물었다.

우리는 긴 신혼여행 중이고, 아시아를 횡단해서 한국으로 가고 있다고 대답했다.

story # 09
벼룩과의 재회
쉬라즈 Shiraz

이스파한의 아미르카비르^{Amir Kabir} 호스텔에 누워 잠을 청하다가 몸이 슬금슬금 가려워 오는 느낌을 받았다. '이상하다 모기도 없는데.' 라는 생각을 하다가 불현듯 불길한 예감이 들어 가려운 부분을 손으로 더듬어 보았다. 엠보싱처럼 살이 부풀어 오르고 있는 것이 일렬로 이어지는 것을 더듬어 만지며 자리에서 벌떡 일어나 불을 켰다. 벼룩이었다. 내 침대에 벼룩이 있는 한, 편하게 자기는 다 틀렸다. 차라리 모기처럼 엥~, 소리를 내며 날아다닌다면 이불을 뒤집어쓰면 그만이지만 벼룩은 눈에 잘 보이지도 않아 이불을 덮어도 소용이 없었다. 불을 끄고 가만히 누워있으면 몸이 슬금슬금 가려워지면서 어딘가 내 몸에 작은 벌레가 기어 다니는 느낌이 들었다.

여행을 하면서 벼룩에 물리지 않은 적이 없었다. 유럽여행 때는 비엔나의 유스호스텔에서 벼룩에 물렸고, 로마에서 시칠리 가는 기차 안에서도 벼룩에 물려 밤새 긁다가 피가 나서 결국 양말을 손에 끼고 잔 적도 있었다. 인도에서도 벼룩이 있는 숙소에서 밤새 잠을 이루지 못한 적

있었다. 장기간의 여행이 끝나면 내게는 벽돌같이 잘 그을린 피부색과 벼룩에 물린 시커먼 흉터가 몸의 구석구석에 남곤 했다. 벼룩 물린 흉터가 너무 흉해서 여행을 마치고 집에 돌아오면 나는 한동안 대중목욕탕에도 갈 수가 없었다. 1년쯤 지나면 이 흉터는 없어지지만, 이 흉터가 없어지고 피부색이 원래대로 돌아올 때쯤 나는 또 배낭을 꾸리곤 했다. 그리고 이렇게 이란의 이스파한에서도 결국 올 것이 오고야 말았다.

벼룩은 내가 먼저 물렸고 나는 그 끔찍한 숙소를 벗어나자 가려운 것이 잠잠해졌다. 그러나 남편은 몸 어딘가에 벼룩이 계속 상주해 있는지, 이스파한을 떠나는 버스 안에서도 계속 긁느라 그는 잠 한숨 자지 못하고 괴로워했다. 그렇게 우리는 쉬라즈^{Shiraz}에 도착했다. 숙소의 방을 배정받을 때 우리는 햇빛이 잘 들어오는 발코니가 딸린 방을 달라고 리셉션에 부탁했다. 그리고 체크인을 하고 제일 먼저 한 일은 모든 옷을 다 빨고, 침낭을 펴서 햇볕에 널은 것이었다. 남편은 온몸이 벼룩의 습격을 받아 벌겋게 부풀어 올랐다. 가엾은 남편은 숙소 발코니에 발가벗고 앉아서 광합성을 하며 벼룩 퇴치에 몰두했다.

빨래하기에 더 없이 좋았던 쉬라즈의 강렬한 햇살.

빨래는 반나절 만에 다 말랐고, 우리는 오래도록 푹 잠을 잤다.

story # 10

페르세폴리스의 노을을
가슴에 담 다

쉬라즈 Shiraz

쉬라즈 버스터미널에서 마르브다쉬트^{Marv Dasht}까지 버스로 한 시간 반쯤. 그리고 마르브다쉬트에서 택시로 15분쯤 가면 도착할 수 있는 곳, 페르세폴리스^{Persepolis}. 고대 페르시아인들은 이 도시를 페르시아인들의 도시라는 뜻의 파르사라고 불렀는데, 이를 그리스인들이 그리스어로 옮기면서 '페르세(페르시아인들)의 폴리스(도시)' 라 불렀고 그 이름이 지금까지 내려오고 있다.

페르세폴리스는 기원전 331년에 마케도니아 왕국의 알렉산더 대왕이 이곳을 침략해서 파괴하기 전까지 200년 이상 거대하고 웅장한 궁전이었다고 한다. 페르세폴리스는 기원전 5세기 다리우스Darius 1세 때부터 지어지기 시작했는데, 페르시아 제국은 동으로는 인도, 서로는 그리스, 남으로는 이집트와 에티오피아까지 그 세력을 넓혀 갔다고 한다. 각기 다른 30여 부족을 하나로 만든 거대한 제국이었고, 다리우스 왕은 해마다 이란의 명절이 된 노루즈Nowruz 기간 동안 왕에게 경의를 표하고 공물을 전하러 오는 다른 부족의 사절단들에게 제국의 위용을 과시할 목적으로 도시를 지었다.

찬란했던 역사를 뒤로한 채, 이제는 무너진 돌의 잔해와 기둥만이 남아있는 이곳에서 예전의 웅장함과 화려함을 상상하기는 어려웠다. 차가운 돌무더기 위에 앉아서 파괴되기 전 이곳은 어떤 모습이었을까를 상상하며 노을을 기다렸다. 우리 반대편에는 쉬라즈에서부터 우리와 같은 버스를 타고, 이곳까지 택시도 같이 타고 왔던 독일 남자가 앉아서 책을 읽고 있다. 책을 읽는 모습이 아름답다. 나는 서양인들의 시도 때도 없이 책을 읽는 모습이 참 좋다. 여행 중에 마주친 서양인들은 해변에서도 안나푸르나Annapurna 트레킹 중 쉬는 시간에도, 이렇게 무너진 유적지에 와서도 책을 펼쳐들곤 했다. 책을 읽는 그들은 결코 서두르는 법이 없다.

서서히 해가 넘어가고 있었다. 남편과 나는 페르세폴리스의 아름다운 일몰을 말없이 바라보았다. 기원전 5세기의 페르세폴리스가 번영했던 시절부터, 파괴되어 지금까지 명맥만 유지한 채 2천 년 이상의 시간이 흐른 지금까지도 변함없는 것은 바로 이 아름다운 일몰일 것이다. 스러져가는 태양은 온 대지를 뒤덮고, 차츰 어둠이 내린다. 어김없이 다음날이면 또 해가 뜰 것이다.

해가 지고 사람들이 서서히 이곳을 빠져나갈 때 즈음 우리도 천천히 자리에서 일어났다. 우리가 앉았던 돌무더기가 어느새 따스해져 있었다. 이 온기도 곧 차갑게 식어버리겠지. 그러나 또 다른 이에 의해서 데워질 것이다. 그렇게 반복되는 게 역사고, 인생이지 뭐.

story # 11

목숨 걸고
가는 길

야즈드 Yazd

이란의 장거리버스는 두 종류가 있다. 벤츠 버스와 볼보 버스. 처음에 나는 벤츠 버스와 볼보 버스라고 해서 상당히 고급 버스일 것이라고 생각했고, 왠지 이란의 분위기와는 어울리지 않는다고도 생각했다. 가격은 벤츠 버스보다 볼보 버스가 두 배 정도 비싸다. '굳이 비싼 돈 주고 볼보 버스 탈 필요 있나. 벤츠 버스도 충분히 좋을 텐데 뭐.' 라는 생각으로 9)야즈드Yazd 행 벤츠 버스표를 구입했다. 그러나 벤츠라는 이름만 듣고 우리가 타야할 버스를 확인했을 때 실망감을 감출 수 없었다.

버스는 벤츠에서 만든 것이 분명했다. 버스 앞에 벤츠 회사의 로고도 분명히 붙어 있었다. 그러나 그 벤츠 버스는 30년도 더 된 것이어서, '저 무시무시한 고물덩어리가 과연 무사히 굴러갈까?'라는 의구심을 갖게 했다. 쉬라즈에서 야즈드까지는 8시간 거리인데 벤츠 버스 값은 겨우 18,000리알, 약 2달러 정도이다. 그러니 2달러 더 주고 볼보 버스를 타는 편이 훨씬 안락했을 것이다. 이란은 기름값이 너무나 싸기 때문에 장거리버스비도 싸다.

---

9) 야즈드(Yazd)는 예즈드(Yezd)라고도 하는 이스파한의 고원지대에 있는 도시이다. 7세기에 아랍이 이란을 정복한 후 조로아스터교도들의 피난처였다.

우리가 벤츠 버스를 타게 된 것은 사실 벤츠라는 브랜드를 신뢰한 탓도 있고, 호기심도 있었고, 값이 더 저렴한 탓도 있었다. 처음 버스를 타서는 비좁은 앞뒤 공간 때문에 남편이 불편해 했다. 그러나 '남미에서 72시간 버스를 탄 적도 있으니 까짓 거 8시간 못 갈까.' 라는 생각에 가벼운 마음으로 앉았다.

야즈드행 벤츠 버스의 운전기사는 아인슈타인을 연상시키는 백발의 단발머리 할아버지였다. 그 운전기사 외에도 야간 운전 탓인지 보조 운전기사가 한 명 더 있었다. 버스는 출발했다. 당연히 에어컨 같은 것은 기대할 수 없었다. 버스가 한 시간쯤 달렸을까. 보조 운전기사는 버스 뒤쪽으로 가서 자는 것 같았다. 아인슈타인 운전기사 할아버지 혼자서 운전했고, 속도는 무서울 정도로 빨랐다. 과속으로 인해 버스는 힘겨운 엔진 소리를 냈지만, 운전기사 할아버지는 그런 것 따위는 아랑곳하지 않았다.

꾸벅꾸벅 졸던 우리를 경악케 했던 일은 그 다음에 벌어졌다. 운전기사 할아버지는 목이 말랐는지 생수병에 손을 뻗었다. 그러나 손이 닿지 않았다. 그러자 운전기사 할아버지는 왼손으로 핸들을 잡고, 왼발로 엑셀을 밟은 채로 비스듬히 일어나 오른손을 뻗어 생수병을 잡았다. 아, 그때의 아찔함이란. 버스는 어두운 도로를 여전히 과속으로 달리고 있었다. 그리고 그는 어둠 속에서 꼬불꼬불한 2차선 도로의 중앙선을 침범해가며 앞에 가는 차들을 계속 추월했다. 그것도 30년 된 벤츠 버스로!

벤츠 버스가 정차해서 사이드 브레이크를 채울 때의 괴상한 광경을 생각하면 지금도 웃음이 난다. 대여섯 번을 계속 끼익 소리를 내며 사이드 브레이크를 잡아당긴다. 그러면 톱니가 맞물리는 모양이었다. 그렇게 버스는 한 번 정차할 때마다 대여섯 번의 사이드 브레이크 잡아당기는 작업을 해야 했다.

아무튼 우리를 공포로 몰아넣은 8시간은 흘러 우리는 무사히 야즈드에 도착했고, 후들거리는 다리로 그 새벽, 야즈드 버스터미널에 내렸다. 우리의 입에서는 누가 먼저랄 것도 없이 무사히 목적지에 도착한 것을 신에게 감사하는 말이 흘러나왔다.

인샬라 In Salah

story # 12

이란에서 만난
인 도 인

야즈드 Yazd

혼자, 그리고 함께한 90일간의
아 시 아 여 행 기

조용한 오아시스 마을 야즈드는 낮 시간 동안에는 문을 연 가게를 찾아보기 힘들다. 사람들이 더위를 피해 모두 낮잠을 자는지 도시는 너무나도 고요하다. 가끔 오토바이를 탄 젊은 이란 남자들이 지나갈 뿐 거리는 적막함으로 가득 차 있다. 이렇게 조용한 도시는 처음이다.

야즈드에는 배낭여행자들 사이에서 소문난 숙소가 하나 있다. 실크로드 호텔. 이곳의 싱글룸과 더블룸은 비싸지만, 지하의 도미토리가 비교적 저렴하고 깔끔하다. 게다가 여행자들이 정보를 적어놓은 게스트북이 있어, 파키스탄으로 넘어가는 여행자 또는 파키스탄에서 넘어와 이란을 거쳐 터키로 가는 여행자들이 유용한 정보를 얻어간다.

실크로드 호텔은 여행 중 지친 몸을 쉬기에 좋은 장소이다. 편하게 늘어서서 책을 읽거나 차이를 마실 수 있는 공간이 있어서 숙소에서 시간을 보내기가 좋다. 별달리 맛있는 것이 없는 이란에서 인도식 커리Curry를 먹을 수 있는 것도 실크로드 호텔의 장점이었다. 하지만 무엇보다 남편과 내가 좋아했던 것은 해질녘 호텔 옥상으로 올라가 물담배를 피우며 10)자메 모스크Jameh Mosque 지붕 뒤로 넘어가는 해를 바라보는 일이었다. 파란 모스크의 지붕과 붉은 노을은 묘한 대비를 이루었고 곧 해가 졌다. 그 옥상에서 우리는 많은 이야기를 나누었다.

---

10) 자메 모스크(Jameh Mosque)는 이란에서 가장 큰 사원이다.
11세기의 셀주크, 몽골, 사파비 왕조까지 다양한 시대의 이슬람 양식을 엿볼 수 있다.

그러던 어느 저녁에 술이 금지된 이란에서 무알콜맥주를 파는 것이 신기해서 한 병 시켜서 홀짝홀짝 마시고 있었다. 밍밍한 맛이 별로여서 다음부턴 마시지 말아야지, 이런 이야기를 하고 있는데 한 남자가 지나갔다. 그는 이란인들과 달랐다. 적어도 내 눈에는 그렇게 보였다. 곱슬머리에 큰 눈과 까무잡잡한 피부색은 이란인들과 비슷했지만 그 역시 어딘가 이방인 같아 보였다. '인도 사람일까?' 하는 생각에 그에게 말을 걸어 보았는데 그는 역시 인도에서 출장 온 인도 사람이 맞았다.

우리는 저녁으로 소고기 커리를 먹었지만, 그 인도인은 야채 커리를 주문했다. 인도에선 꿈도 꿀 수 없던 소고기 커리를 이슬람 국가인 이란에선 먹을 수 있다. 그것에 대해 어떻게 생각하는지 그에게 묻자, 그는 문화 차이라고 대답했다.

그는 인도의 중산층이며 지식인으로 보였다. 부인은 학교 선생님이고, 아홉 살 난 딸이 하나 있다고 했다. 그와의 대화는 내게 신선한 충격을 주었다. 인도에서는 딸을 시집보낼 때 드는 지참금 때문에 딸을 별로 선호하지 않는데 어떻게 딸 하나만 낳았느냐고 묻자, 인도의 그런 폐습도 지식인층 사이에서는 조금씩 사라지고 있다고 그가 말했다. 몇 년 전 내가 인도를 여행할 때 만났던 사람들은 거리의 거지들, 릭샤왈라(인력거꾼)들, 여행사 직원들……. 2등석 기차 안에서 만난 소시민들과 같은 제한된 사람들이었기 때문에 그와의 대화가 더욱 의미 있었다.

"한국에서는 결혼한 사람들의 첫 번째 목표가 내 집 마련이에요. 집값이 아주 비싸거든요. 10년간 열심히 일해도 집을 사기 힘들어요. 그래서 사람들은 오르는 집값을 따라잡기가 힘들어서 무리를 해서라도 대출을 받아 아파트를 사지요. 난 그러한 현실이 참 서글퍼요. 어쩌면 우리가 이렇게 여행을 다니는 게 많이 뒤처지는 건지도 몰라요. 그래서 불안한 것도 사실이지만, 후회하지는 않아요. 평생 두고 곱씹을 추억이 생겼고, 세상을 보며 많은 것을 배웠으니까요. 나중에 은퇴해서 여행할 수도 있지만, 이렇게 젊을 때 세상을 더 많이 보고 싶었어요."

내가 말했다.

"젊을 때는 열심히 돈만 벌고, 자기 생활이 없다가 50~60대에 은퇴해서 그때 여행한다면 무엇을 배울 수 있죠? 그때 가서 무언가를 배워도 이미 인생의 너무 많은 부분이 지나가 버렸으니 별 의미가 없을 거예요. 이렇게 젊었을 때 여행을 다니는 것은 멋진 생각이에요. 당신들은 돈으로도 살 수 없는 멋진 경험을 하고 있는 거잖아요."

인도인이 말했다.

돈으로도 살 수 없는 멋진 경험……. 나는 그 말을 계속 되뇌었다. 그것은 남들보다 뒤처질지 모른다는 내 안의 불안감을 마법처럼 없애 주었다.

story # 13

유쾌한 여행자,
순덜 씨

야즈드 Yazd

　　야즈드에 머무는 동안 실크로드 호텔 지하 6인실 도미토리는 우리 둘이서만 썼는데, 자헤단^{Zahedan}으로 떠나는 날 한 여성 배낭여행자가 들어왔다. 빛이 잘 들어오지 않는 지하 도미토리인지라 늘 늦잠을 즐겼기 때문에, 이른 아침 그녀의 출연과 배낭을 푸는 바스락거림이 조금 거슬렸다. 잠에서 부스스 깨어 못마땅한 시선으로 그녀를 바라보았으나 이내 친근감이 생겨 인사를 건넸다. 오래 여행한 사람 특유의 까맣게 탄 피부와 꼬질꼬질함, 현지인 여성 복장을 한 동양인이었던 것이다.

　　일본 사람일 거라 생각했던 그녀는 한국인이었다. 그녀는 말랐고, 까맣고, 햇빛을 많이 받아 주근깨가 도드라졌고, 재미있었다. 파키스탄에서 건너온 그녀는 한 달간 한국 사람을 못 만났다며 봇물 터지듯 이야기를 쏟아놓았다.

　　예전에 인도를 여행할 때, 나도 몇 번 길거리에서 인도 남자들이 가슴을 더듬어서, 배낭을 앞으로 메고 다녔던 적이 있었다. 그러나 인도 남자들은 아무것도 아니라며 그녀는 자신의 일기장을 보여주었다. 여자 혼자 파키스탄을 여행하며, 얼마나 많은 성추행을 당했는지 그녀의 일기장에는 이런 끼적임이 있었다.

'오늘도 당했다. 오늘도 어김없이 당했다.'

여기 그녀의 성추행 사건 하나를 펼쳐본다. 어느 날 그녀는 버스를 늦게 타서 목적지에 밤늦게 도착했다. 숙소를 찾아 육교 같은 것을 건너고 있었다. 거리에는 사람들이 제법 많이 걸어 다녔지만 육교에는 그녀 혼자였다. 육교를 거의 건너서 이제 계단을 내려가야 할 때, 한 젊은 파키스탄 남자가 다가와 그녀를 더듬었고 그녀가 반항하자 그녀를 넘어뜨리고 도망쳤다. 도망치던 이 남자는 육교 위에 아무도 없는 것을 발견하고는 과감하게 다시 다가와서, 뒤로 지쳐진 그녀가 무거운 배낭 때문에 아직 일어나지 못하고 있는 틈에 다시 그녀를 만지고 계단을 뛰어 내려갔다. 정신이 번쩍 든 그녀는 너무나 화가 났다. 한 번도 아니고 두 번씩이나 당하니 가만있으면 안 되겠다 싶어 목에 건 호루라기를 있는 힘껏 불었다. 거리에 있던 사람들의 시선이 육교 위의 그녀에게 머물렀고, 그녀는 저놈 잡으라는 제스처를 취하며 쫓아갔다. 도망치던 치한은 결국 파키스탄 남자들에게 붙잡혔다.

"잡아서 어떻게 했어요?" 다음 이야기가 너무 궁금해서 침을 꼴깍 삼키며 물어보았다.

"배낭에서 삼각대를 꺼내서 힘껏 때렸어요." 그녀가 대답했다.

그리고는 경찰이 와서 경찰차를 타고 경찰서로 함께 가는데, 녀석은 '나 엄마, 아빠도 없어.'라면서 우는 시늉을 했다. 옆에 있던 경찰도 녀석의 머리를 때리며 용서를 빌라고 말했다. 그리고 이어서 경찰이 하는 말은 정말 가관이었다. '마담, 한 번 용서해주지?'

파키스탄에서는 국적을 막론하고 여자 혼자 다니는 여행자들은 서로 똘똘 뭉쳐 보호하게 된다는 이야기가 맞구나. 그리고 순덜 씨는 변변한 가이드북도 없이 파키스탄 국경을 넘어야 하는 우리에게 귀중한 정보도 주었다. 함께 시간을 더 보내면 좋을 텐데 그날 우리는 자헤단으로 떠나야 했다. 이제는 국경 도시 자헤단이다.

나중에 파키스탄 카리마바드Karimabad에 도착했을 때 순덜 씨가 그곳에서 꽤 유명한 사람이었음을 알게 되었다. 훈자Hunza에 한 달 이상 체류하며 김치를 담가서 그곳 사람들을 거둬 먹였다는 후문이었다.

story # 14

울지 마,
막내야

자헤단 Zahedan

이란에서 파키스탄 국경을 넘기 위해 꼭 거쳐야 하는 위험한 국경 도시가 자헤단Zahedan이다. 불법 무기를 소지한 사람들이 많고, 국경 도시 특유의 음울함과 번잡함이 있는 곳이다. 저녁에 야즈드에서 출발한 버스는 열네 시간 만에 자헤단에 도착했다. 전날 야즈드 버스터미널에서 알게 된 자헤단행 버스 운전기사 아저씨가 우리를 초대해 주었다.

"오늘부터 [11]라마단Ramadan이 시작되어 식사하기 힘들 테니, 자헤단에 있는 우리 집에 가서 아침을 먹고 파키스탄으로 넘어가라." 라며.

고맙게 여겨야 할 그의 호의가 처음에는 무척 망설여졌다. 가족이 옆에 있는 사람의 초대라면 아무 망설임 없이 받아들였겠지만 그는 남자이고, 혼자였고, 영어도 너무 잘했고, 또 너무 불필요하게 친절했기 때문에 그의 호의에 어떤 나쁜 목적이 있지 않을까 의심했었다. 썩 내키지 않는 그의 제안에 처음에는 고맙지만 괜찮다고 사양했지만, 우리는 배가 고팠다. 라마단 기간 동안에는 해가 떠 있을 때는 문을 연 식당을 찾기가 어려웠다. 하는 수 없이 우리는 반신반의하며 그를 따라갔다.

---

[11]라마단(Ramadan)은 아라비아어로 '더운 달' 이란 뜻으로 이슬람력의 9월에 해당한다. 이슬람에서는 9월을 코란이 내려진 신성한 달로 여겨 라마단 기간 동안 일출에서 일몰까지 의무적으로 금식한다.

그는 자식이 무려 일곱 명이나 되는 대가족의 가장이라 했기 때문에, 우리는 그의 집에 도착했을 때 그의 많은 아이들이 있으면 아침을 먹고, 분위기가 수상하다 싶으면 그냥 나오자고 이야기했다.

그가 택시를 잡아 우리를 태웠을 때, 우리는 온몸의 촉수를 세워 택시기사와 그가 한패는 아닐까 의심하며 슬금슬금 그의 눈치를 살폈다. 그리고 택시가 그의 허름한 집 마당에 도착했을 때 우리는 깊은 안도의 한숨을 내쉴 수밖에 없었다. 그의 딸들과 며느리가 히잡 또는 차도르를 뒤집어쓰고, 이방인들의 출연에 부끄러운 듯 눈도 똑바로 마주치지 못하는 모습으로 마당에 나와 있었다. 마당에 나와 있는 대가족을 보고, 그의 호의를 의심한 것이 미안해 머쓱하게 웃었다. 집에서는 히잡 같은 것을 쓸 필요가 없을 텐데, 여인들은 낯선 남자인 내 남편 웅기 때문에 저렇게 몸을 가리고 있는 것 같았다.

우리를 초대해준 그는 고등학교에서 시간 강사로 영어를 가르치고 있고, 강의가 없을 때에만 버스 운전을 한다고 했다. 영어를 잘하는 그에

에게 오늘부터 시작한 라마단에 대해 물어볼 수 있었다. 우선 라마단 기간은 1년에 한 번, 한 달간 지속된다고 했다. 해가 떠 있는 동안은 아무것도 먹지 않지만, 노약자와 임산부 그리고 여행자는 먹을 수 있다고 했다. 우리는 무슬림이 아니고, 게다가 여행자이니 먹어도 된다고 그가 말했다.

그의 아홉 살 된 막내딸은 가족을 대표해서 부엌에서 안방으로 우리를 위해 아침 식사를 나르는 심부름을 계속했다. 음식을 나르면서도 호기심 가득한 눈으로 우리를 힐끔힐끔 계속 쳐다보았고, 눈이 마주치면 수줍은 듯 숨어버렸다. 아홉 살이지만 스카프를 두르고 있었다. 아마도 낯선 남자가 와서 평소에 안 하던 것을 맸는지 엉성하기 그지없었다. 스카프가 벗겨지면 막내딸은 얼른 다시 쓰며 고개를 숙였다.

막내는 영화 『천국의 아이들』 2편에 나오는, 어린 동생 때문에 학교에 시험을 보러 가지 못하는 상황에서 동분서주하는 여주인공처럼 너무 귀여웠다. 남편은 막내의 머리를 쓰다듬어주고 싶다고 말했지만, 내가 강하게 말렸다.

"귀엽다고 머리를 쓰다듬었다간, 두 번째 부인으로 삼아야 할지도 몰라. 절대 안 돼!"

아침 식사는 간소했다. 넓적한 빵과 옅은 홍차가 전부였다. 그래도 우리는 감사히 배부르게 먹을 수 있었다. 식사가 끝난 뒤, 나는 여자 형제들이 모여 있는 방에 들어가는 특권을 누렸다. 막내는 나를 안내하며 사진첩도 보여주고, 학교 숙제 공책도 보여주고, 학교에서 배우는 듯한 영어 교과서를 내밀며 발음해 보라고 시키기도 했다. 내가 교과서를 보고 읽으면, 막내는 뭐가 좋은지 까르르 웃었다. 사진첩에는 많은 형제 외에도 더 많은 사촌들의 모습이 있었다. 대가족의 사진을 보여주며 일일이 이름을 알려주었는데, 나는 그저 고개만 끄덕였다. 물론 하나도 외워지지는 않았다. 그래도 막내는 열심히 무어라 설명을 했다. 남자인 남편 뭉기는 성역과도 같은 그 공간에 들어올 수가 없어 우리를 초대해준 아저씨와 이야기를 나누웠다.

아침을 먹고, 그렇게 시간을 보내다가 이제는 국경을 넘어야 할 시간이 되어 일어나야 했다. 더 지체하다가는 이곳에서 자고 가야 할지도 몰랐다. 현관에서 모두에게 인사를 하는데 막내가 보이지 않았다. 인사하려고 방에 가보니 그 사이 정이 들었는지 구석에 앉아 울고 있었다. 그 큰 눈에 눈물이 그렁그렁 고여 있었다. 짧은 시간의 만남을 이렇게 서운해 하다니, 이렇게 순수한 마음을 느껴본 게 언제였는지 까마득한 나는 조금 놀랐다.

'울지 마, 막내야.'

너에게 우리는 스쳐 지나가는 낯선 외국 여행자겠지. 그래도 우린 너희 가족의 친절을 평생 간직할 거야.

아, 보석 같은 사람들. 이란.

잊지 않을게요. 변하지 마세요.

#03 Pakistan Story

여행자를
이끄는 곳,
파.키.스.탄.

혼자, 그리고 함께한 90일간의
아시아 횡단기

보수적인 이슬람 국가이면서
테러가 난무하는
부정적인 이미지의 나라.

하지만 아름다운 장수 마을 훈자 때문에
여행자들의 발길이
끊이지 않는 곳.

story # 01

국경을
넘 다

타프탄 Taftan

　　이란 자헤단에는 국경으로 가는 택시들이 모여 있는 광장이 있다. 그곳에서 국경으로 이동해야 하는 사람들은 줄지어 늘어선 택시들과 흥정을 한다. 짐을 잔뜩 쌓아놓고 사람들은 저마다 적당한 가격의 택시를 물색하고 있다. 분위기를 탐색하며 멀뚱멀뚱 서 있는 우리에게 한 택시 기사가 접근해서 '보더, 보더border?' 라 외치며 국경까지 갈 것인지를 묻는다.

　　가격을 물으니 국경까지 1인당 20,000리알이라고 한다. 그 가격이 적당한 가격인지 바가지요금인지 알 수는 없지만, 그동안 이란에서 경험한 택시 기사들은 외국인 여행자에게 현지인의 몇 배에 해당하는 요금을 부과했으므로, 일단 더 기다려보기로 했다. 아직은 시간이 많으니 서두를 필요가 없다는 생각이었다. 배낭을 내려놓고 앉아 있으니 몇몇 택시 기사들이 다가와 국경에 가냐고 물었다. 그리고 그들은 한결같이 1인당 20,000리알을 요구했다. 언제까지 이렇게 무작정 기다려야 하나, 그냥 아무 택시나 타고 가는 게 낫지 않을까, 하는 의구심이 들 때쯤 자가용 한 대가 우리 앞에 멈춰 섰다. 그는 국경까지 우리를 태워줄 수 있다고 말했고, 1인당 15,000리알을 요구했다.

혼자, 그리고 함께한 90일간의
아 시 아 여 행 기

　국경은 아수라장이었다. 국경을 넘으려는 자동차들이 끝없이 줄지어 서 있었다. 국경의 군인들이 있는 곳에 우리를 내려준 그는 잘 가라고 인사하고는 다시 왔던 길로 멀어져갔다. 국경 초소 앞에 서 있는 군인에게 이민국이 어디에 있는지 물었더니, 잠시 기다리라며 초소 안으로 들어오라고 말했다. 비좁은 초소 안에는 1인용 간이침대와 작은 책상이 놓여 있었다. 녹색의 군복을 입은 다른 군인들이 신기한 듯 우리를 쳐다보았다. 그리고 잠시 후 이란 군인들이 우리를 지프에 태워 이민국이 있는 건물까지 데려다 주었다.

　출국 절차는 너무나 간단했고, 파키스탄 입국 절차도 매우 간단했다. 이민국을 통과하자 환전하라는 남자들이 끈질기게 달라붙었다. 파키스탄 국경에 있는 소장 아저씨는 김흥국 씨를 닮았다. 그날 국경을 통과한 유일한 외국인이라며 우리에게 차이를 마시겠느냐고 물었다. 이란의 차이는 옅은 홍차지만, 파키스탄 차이는 인도에서 먹던 우유가 들어간 그런 종류의 차였다. 그립던 인도식 차이를 마다할 이유가 없다.

아저씨가 시켜준 차이의 맛이 어찌나 깊고 고소하던지. 이제 파키스탄에서는 실컷 차이를 마실 수 있겠지. 커리와 인도에서 먹었던 넓적한 빵 차파티^{Japati}도 먹을 수 있을 것이다. 남은 이란 돈을 환전할 곳이 있는지 묻자, 아저씨는 바깥의 환전상들은 사기꾼들이라며 친구를 불러주겠다고 너스레를 떨었다. 덕분에 우리는 이민국 앞에서 끈질기게 달라붙던 환전상들이 제시한 것보다 좋은 환율로 환전을 할 수 있었다.

파키스탄의 국경 지역 타프탄^{Taftan}에서 출발하는 퀘타^{Quetta}행 버스는 국경 이민국 건물 공터에 바로 대기하고 있었다. 오후 4~5시에 출발해서 다음날 오전이면 퀘타에 도착한다. 이 버스는 1인당 300루피인데 아저씨는 싸게 해주라면서 기사 아저씨에게 두 명에 400루피만 받으라고 했다. 아저씨 덕분에 우리는 저렴한 가격에 퀘타행 버스까지 탈 수 있었다. 아저씨는 능글맞은 사람이었지만, 그의 호의 덕분에 우리는 파키스탄에 대한 편견을 줄일 수 있었다.

story # 02

황량함 속을
달리다
퀘타라는 길 Quetta

    타프탄에서 [12]퀘타로 가는 버스는 시설이 매우 열악하고 비좁았다. 짐을 버스 위에 싣고 밧줄로 꽁꽁 묶었는데, 우리는 혹여나 배낭이 분실될까 걱정돼서 배낭을 버스 안까지 가지고 올라탔다. 통로에 놔둔 검은색 배낭은 금세 먼지투성이가 되어 잿빛이 되었다. 국경 도시인 이곳에는 기름값이 싼 이란에서 몰래 기름을 사다가 파키스탄 내륙에 내다 파는지 많은 기름통이 버스 안 여기저기에 실려 있었다.

    이란보다 파키스탄 사람들이 이슬람을 더 맹신하는지는 모르겠지만, 차를 타고 가다가 해가 뉘엿뉘엿 기울 무렵 버스는 멈춰 섰고, 남자들은 일제히 내려 서쪽을 향해 여러 번 절을 하거나 기도를 했다. 파키스탄의 거리에는 온통 남자들로 넘쳐났다. 여자들은 다 집에 꽁꽁 숨어있는 것일까. 거리에는 여자가 한 명도 보이지 않았다. 퀘타로 가는 길은 이란의 고속도로와는 달리 울퉁불퉁했고 비포장도로가 많아 인도를 연상시키는 것들이 많았다. 황량함 그 자체였다.

    퀘타행 시외버스가 많은 사람과 짐을 싣고 두 시간쯤 달렸을까? 어둠이 짙게 내려앉자 버스는 어느 간이식당 앞에 멈춰 섰다. 라마단으로 해가 떠 있는 동안 금식중인 무슬림들이 이제 저녁을 먹을 모양이다. 간

---

[12] 퀘타(Quetta)는 높은 산에 둘러싸인 분지의 오아시스에 위치한 파키스탄 중서부의 도시이다. 예로부터 문화교류 및 통상의 요지이며 중요한 군사거점이기도 하다.

이 식당의 메뉴는 단출했다. 몇 종류의 커리와 차파티 또는 밥이 전부였다. 주문한 음식을 큰 통에서 떠서 식판에 척척 담아준다. 밤새 버스 안에서 버티려면 먹어두어야 한다.

식판에 음식을 받아, 천막으로 된 간이식당의 어두침침한 실내에 앉아서 먹기 시작했다. 희미한 전구 몇 개가 천장에 달려있고, 그 주위로 벌레들이 왕왕 날아다닌다. 남편과 나, 둘 다 말없이 먹는 일에만 전념한다. 그런 우리를 수많은 눈이 주시하고 있다. 어둠 속에서 느껴지는 파키스탄 남자들의 큰 눈은 섬뜩한 느낌마저 들게 한다.

식사를 마치고 다시 버스에 올랐다. 그러나 버스는 채 한 시간도 달리지 못하고 황량함과 어둠만이 존재하는 것 같은 어느 공터에 멈춰 섰다. 그곳에는 이미 여러 대의 버스와 사람들이 있었는데, 화장실에 가기 위한 것도, 기도하기 위한 것도, 음식을 위한 것도 아닌 것 같았다. 어리둥절해 하고 있을 때 한 파키스탄인이 영어로 설명해 주었다. 경찰을 기다리는 중이라고. 국경 지역과 가까우니 아무래도 짐 검사 때문인 것 같았지만, 이렇게 어두운 곳에서 짐 검사가 제대로 될 턱이 없다.

그러나 기다리는 수밖에. 파키스탄 남자들이 삼삼오오 모여 담배를 피우는 걸 보면서 나는 밤하늘의 무수히 빛나는 별을 올려다보았다. 버스 안의 공기는 후텁지근하고 눅눅했다. 버스 바깥이 더 시원해서인지 버스 안에는 사람들이 별로 없었다. 정적만 가득한 버스 안, 남편과 나는 말이 없었다. 연속 이틀째 야간 이동이어서 우리는 지쳐있었고, 또 위험한 국경 지역을 아직 완벽히 통과한 것이 아니기에 긴장하고 있었다.

나는 피곤한 몸을 잔뜩 웅크려 버스 좌석 2개에 모로 누웠다. 그리고 인도의 레^{Leh}에서 스리나가르^{Srinagar}로 가던 버스를 떠올렸다. 그때도 수없이 버스는 어느 초소 앞에 멈춰 서서 기다려야 했다. 그날 밤하늘의 은하수가 어찌나 아름답던지. 그때와 지금 달라진 것이 있다면, 그때는 혼자였지만 지금은 내 곁에 남편이 있다는 것이다. 혼자가 아니라는 것이 얼마나 큰 위안이 되는지, 버스 안의 정적과 어둠 속에서 나는 조용히 깨닫는다.

story # 03

익숙한 풍경
퀘타 Quetta

타프탄에서 오후 5시에 출발했던 시외버스는 퀘타에 다음날 오전 10시에 도착했다. 퀘타는 생각보다 큰 도시였지만, 낙후돼 있었고 여전히 거리에는 남자들만 넘쳐났다. 게다가 여러 여행자를 통해 들은 성추행의 악명 때문에 버스에서 내린 후 아침을 먹을 생각도 못한 채, 우선 [13]라호르Lahore행 기차를 예약하기 위해 기차역으로 향했다. 이곳도 인도처럼 오토릭샤와 자전거 인력거인 싸이클릭샤Cycle Ricksaw가 있어 싼값에 목적지로 갈 수 있었다.

기차역 티켓 창구에 물어보니 퀘타에서 라호르까지는 24시간이 걸리고 에어컨이 나오는 1등석 6인실은 1인당 1,815루피($1=60루피)라고 한다. 학생 또는 외국인 여행자는 20퍼센트 할인을 받을 수 있지만 지정된 사무실에서 증서를 받아와야 하고 증서를 받은 지 하루가 지나야 혜택을 받을 수 있다고 한다. 하루라도 빨리 퀘타를 벗어나고 싶은 우리는 할인을 못 받더라도 당장 기차표가 있으면 라호르로 가기로 했다.

당일 오후 2시에 출발하는 기차표가 있었지만, 마땅히 환전할 만한 곳이 없어서 남편은 돈을 인출해 오겠다고 말했다. 내게 기차역 안에서 배낭을 지키고 앉아있으라면서 이상한 놈이 다가오면 소리를 지르라고 신신당부를 하고 나서야 걸음을 옮긴다.

---

[13] 라호르(Lahore)는 파키스탄 북동부, 인더스평원에 위치한 도시이다. 유네스코 세계유산목록에 수록되어 있는 무굴제국의 성채와 샤리마르 공원, 자항기르와 그의 왕비 눌자한의 묘, 간다라와 무굴의 미술품을 전시한 라호르박물관 등이 있다.

은행을 찾아 나서는 그를 보며 나는 슬며시 웃음이 났다. 아무래도 내가 예전에 혼자 6개월간 인도를 여행했던 사실이 그에게는 아무 효력이 없는 모양이다. 저렇게 걱정을 하는 것을 보면 말이다. 파키스탄은 묘하게 인도와 닮아 있다. 외국인인 나를 빤히 쳐다보는 그들의 시선이 그렇고 사람들의 외모가 그렇다. 나는 홀로 앉아 일기를 끼적인다. 이틀간 연속 야간 이동을 했고, 씻지 못해 몸이 꿉꿉하고 배도 고팠다. 남편이 돈을 인출해오면 맛있는 닭고기 커리에 차파티를 찍어먹고 차이도 마실 것이다.

30분쯤 후에 남편이 돌아왔다. 우리는 1등석 6인실 라호르행 기차표를 사고, 기차역 주변에 있는 식당에서 든든하게 아침을 먹었다. 그리고 오후 2시에 출발한다는 기차를 기다렸다. 기차역 풍경 역시 인도와 매우 흡사했다. 짐을 나르는 인부들의 모습도 그랬고, 기차 생김새도 그랬다. 다른 것이 있다면 여자들의 옷차림이 사리가 아닌 차도르나 부르카라는 것이다. 인도 여자들은 허리가 훤히 드러나는 사리를 입지만, 파키스탄 여자들은 차도르로 몸을 꽁꽁 가렸다.

기차가 왔다. 24시간 후에는 라호르에 다다를 것이다. 점점 꿈에 그리던 장수 마을 [14]훈자에 다가가고 있는 것이다.

---

[14] 훈자(Hunza)는 6,000m 이상의 높은 산으로 둘러싸인 계곡에 위치한 파키스탄 령의 도시이다. 이 지역 사람들의 장수와 건강이 세계의 조명을 받기도 했으며, 아름다운 경치와 계곡의 경사로를 따라 만든 수도가 유명하다.

story # 04

라호르로 향하는
기 차

라호르 가는 길 Lahore

라호르까지 24시간이 걸리는 기차 안은 생각보다 지루하지 않았다. 1등석 6인실은 에어컨이 시원하게 나와서 쾌적했고, 기차의 침대칸은 깨끗했다. 우리는 현지인 남자 세 명, 어린 남자아이 한 명과 같은 객실을 썼다. 호의적인 그들은 우리에게 먹을 것을 나누어주고 이런저런 것들을 물어오기도 했다.

그들은 우리나라가 얼마나 잘 사는지, 미국과는 사이가 어떤지, 또 우리가 왜 이런 힘든 신혼여행을 하고 있는지에 대해 묻고, 종교가 무엇인지 물었다. 딱히 종교를 갖고 있지 않은 우리는 종교가 없다고 말했고, 그들은 종교가 없는 삶을 잘 이해하지 못했다.

기차의 속도는 너무도 더뎠다. 적어도 고속열차에 익숙한 내게는 더 디게 느껴졌다. 속도가 느린 만큼 바깥 풍경도 느리게 지나갔다. 파키스탄의 서부 지역은 황량함이 가득했다. 우리나라 사람들 같으면 저기에 골프장을 짓든, 아파트 또는 무슨무슨 타운이라도 만들었을지 모른다는 생각에 웃음이 스며 나왔다.

여행이 우리에게 주는 것은 여백일지도 모른다. 무언가로 채워넣어야 한다는 강박관념에 쉼표를 찍는 것이 여행일지도 모른다. 아무 생각 없이 온통 황톳빛인 바깥 풍경을 바라보며, 때로는 모르는 이에게 미소를 지을 수 있는 여유는 여행에서만 비로소 느낄 수 있는 여백일지도 모른다. TV가 없어도, 핸드폰이 없어도, 해야 할 공부나 일이 없어도, 시간은 이렇게 흘러간다. 약간 더디게 느껴질 뿐. 이 디딘 시간 속에서 우리 부부는 서로 어릴 적 이야기나 가족에 대한 이야기를 주고받는다. 또는 재미있게 읽은 책의 줄거리를 이야기하기도 한다. '누구는 이번에 어디에 몇 평짜리 아파트를 샀는데, 얼마가 올랐다더라.' 라는 등의 남 이야기에 열을 올리는 우리가 아닌, 우리 자신을 돌아볼 수 있는 이 시간이 바로 여행이 주는 여백이다.

story # 05

정직하게 살아라,
이 나쁜 놈아!

라호르 Lahore

오후 2시, 퀘타에서 출발한 기차가 꼬박 하루 만에 라호르에 도착했다. 기차역은 많은 인파로 북새통이다. 대도시 특유의 탁한 공기와 교통체증, 그리고 정신없음과 그들의 끈질긴 시선, 모든 것이 인도와 너무도 똑같다. 라호르 기차역에 내려서 이 갑갑한 공기를 처음 들이마셨을 때 남편과 나는 결심했다. 라호르에 머물 것도 없이 바로 파키스탄의 수도 이슬라마바드Islamabad로 가자고. 그곳에서 중국 비자를 받아서 훈자로 떠나자고.

이슬라마바드행 기차표를 사러 창구에 갔다. 줄이 길게 늘어서 있다. 그나마도 우리가 줄을 섰던 창구 직원은 어딘가로 가더니 돌아올 기색이 없다. 언제 돌아올지 모르는 창구 직원을 망연자실 기다리다 지쳐서 우리는 버스를 타고 이슬라마바드로 가기로 했다. 현지인에게 이슬라마바드 근교 라왈핀디Rawalpindi행 버스를 탈 수 있는 터미널까지 오토릭샤비가 얼마인지 물어보았다. 외지인이 많은 기차역에는 바가지 요금을 받는 릭샤Rickshaw를 모는 사람들로 드글드글하다. 릭샤를 끄는 이들을 여기서는 릭샤왈라Rickshawwala라 하는데 이들이 특히 외국인 여행자들에 대한 횡포가 심하기 때문에 현지인에게 먼저 대략적인 가격을 알아보는 것이 중요하다. 현지인은 릭샤왈라에게 직접 물어보더니 60루피라고 알려주었다. 우리는 다짐받듯 '버스터미널까지 60루피'를 재차 확인하고 오토릭샤에 올라탔다.

라호르의 오토릭샤는 인도와는 다르게 앞에 3명, 뒤에 3명이 탈 수 있는 구조로 되어 있었다. 우리는 뒤에 앉았다. 릭샤왈라는 바로 출발하지 않고, 손님을 더 기다리는 눈치였다. 그리고 남자 하나가 앞자리에 탔다. 손님처럼 보였던 그 남자는 우리의 국적을 물었고, 화폐 단위가 무엇인지 물었다. '원'이라고 말해주자 오토릭샤비를 60루피가 아닌 60원을 내라고 말했다. 이 녀석, 무언가 단단히 착각하고 있는 게 분명하다. 60원은 4루피도 안 되는 돈인데 60달러만큼 꽤 큰돈인 줄 아는 모양이다.

그렇게 60루피라고 확인을 하고, 릭샤왈라에게 다짐을 받고 탔는데도 이렇게 거짓말을 하는 모습이라니! 릭샤왈라가 영어가 안 되니, 영어가 되는 다른 일당을 태운 것이다!

"우리 그냥 내리자. 이런 거짓말쟁이 차는 탈 필요도 없어!"

나는 단호히 말했다. 인도에서 지긋지긋하게 당했던 일들이고, 그 대처법은 하나였다. 협상할 필요도 없이 그냥 내리는 것이다. 우리가 단호하게 거절하고 내려버리자, 그제야 릭샤왈라는 다시 60루피에 가겠다고 졸졸 따라왔다. 거짓말쟁이 릭샤는 안 타겠다고 말해도 그는 끈질기게 따라왔다. 우리는 지나는 사람들에게 버스터미널 방향을 물어 걷기 시작했다. 인도가 따로 없어 자동차들이 쌩쌩 달리는 길의 가장자리를 위태롭게 걸었다. 금세 땀이 후드득 떨어진다.

무작정 걷기 시작했지만, 어깨에 멘 배낭은 무거웠고, 후텁지근한 날씨와 매연 때문에 숨쉬기도 힘이 들었다. 오후 3시의 뙤약볕 밑에서, 퍼런 매연이 나오는 차들이 질주하는 도로 옆을 언제까지나 걸을 수는 없었다. 잠시 망연히 서서 왔던 길을 돌아보며 지나가는 오토릭샤를 세워 가격이 합당하면 타고 가기로 했다. 때마침 지나가는 오토릭샤를 세워 라왈

핀디행 버스터미널까지 얼마냐고 물었다. 뜻밖에도 릭샤왈라는 한 명당 7루피라고 말했다. 세상에, 둘이 합해 14루피인 것이다!

　우리를 태운 릭샤왈라는 버스가 밀집해 있는 곳에 오토릭샤를 세우더니 다 왔다고 말했다. 남편은 기분이 좋은지 20루피를 주고 잔돈은 가지라고 말했다. 릭샤왈라도 기분이 좋은지 좋은 하루 보내라는 인사를 남기고 유유히 사라져갔다.

story # 06
중국 대사관의
특별대우

이슬라마바드 Islamabad

　　이슬라마바드에서 대사관에 가는 것은 편하기도 하고 불편하기도 하다. 이슬라마바드에는 'Embassy road' 라는 것이 있어서 대사관들이 한 곳에 밀집되어 있어 찾아가기가 편하다. 반면 원하는 대사관까지 운행하는 왕복 셔틀버스 티켓을 산 후, 짐은 보관소에 맡기고 버스를 기다려 탑승해야 하는 불편함이 있다. 셔틀버스는 바로 중국 대사관으로 가는 것이 아니라 여러 대사관을 거치는데, 그 중 우리가 가려고 하는 중국 대사관 앞에 버스가 정차하면 내리는 것이다.

　　처음에는 셔틀버스 탑승이 불편하다고 생각하지 않았다. 그러나 막상 중국 대사관에 도착했을 때, 여권 사진 한 장과 비자 수수료 외에도 여권 복사본이 필요하다는 것을 뒤늦게 알게 되었다. 울며 겨자 먹기로 우리는 셔틀버스를 타고 다시 나와서 복사 가게에 들러야 했고, 중국 대사관행 왕복 셔틀버스 티켓을 다시 사고, 버스를 기다리는 번거로움을 겪었다.

　　그런 우여곡절 끝에 중국 대사관에 도착한 것은 오전 11시 45분. 많은 파키스탄 사람들이 대사관 앞에 줄지어 서 있었다. 대사관 직원은 뒤늦게 도착한 우리를 먼저 대사관 안으로 들여보내 주는 특별대우를 해주었다. 대사관 마감시간이 정오인 점을 감안하면 너무나 고마운 특별대우였지만, 줄지어 서 있는 파키스탄인들을 보기가 미안해졌다. 특혜를 받아 좋은 건 사실이지만 뭔가 불공평한 건 어쩔 수 없었다.

오전 11시 55분에 비자 신청을 했다. 3일 후에 발급받으면 1,600루피, 당일에 받으면 3,200루피이다. 대사관 업무 시간을 5분 남겨놓고 우리는 당일 비자 발급을 해달라고 말했다. 대사관 직원은 어이가 없는지 시계를 흘깃 보더니 5분 남았다고 말하며 비자 수수료가 두 배인걸 아느냐고 말했다. 물론 알고 있고, 급하니까 해주길 바란다고 말했다.

운이 좋아서 우리는 10분쯤 후에 비자를 발급받았다. 우리는 이렇게 쉽게 중국 비자를 받았는데, 몇몇 파키스탄인들이 비자 받기를 거부당하는 모습을 보았다. 어떤 파키스탄인은 몇 개의 서류철을 준비해오고 꽤 능숙한 영어로 왜 중국에 가야하는지 설명하고 있었지만, 중국인 대사관 직원은 매정하게도 안 된다고 거절했다. 나라의 힘이 이렇게 중요하구나. 중국 비자 받는 것조차 파키스탄인들에겐 힘든 일이구나.

비자를 받고 중국 대사관을 나와서 셔틀버스를 탔다. 셔틀버스는 미국 대사관 앞에 섰고, 많은 인도인이 우르르 탑승했다. 어떤 인도 남자는 'I love USA'라는 로고가 새겨진 티셔츠를 입고 있었다. 미국 대사관에 간다고 저런 티셔츠까지 골라 입었나본데 내 눈에는 그 모습이 씁쓸하기만 했다.

story # 07

남편이
견딜 수 없는 것
길기트 가는 길 Gilgit

    이슬라마바드에서 15)길기트Gilgit 가는 길은 굽이굽이 산자락을 끼고 도는 위험한 길이다. 그런 길을 자그마치 열일곱 시간이나 달렸다. 운전기사는 커브를 돌 때에도 속도를 늦추지 않아, 우리는 기도하는 마음으로 무사히 도착하기를 바랐다. 도로는 편평하지 않아 버스가 무서운 속도로 달릴 때마다 엄청나게 덜컹거렸다.

    그러나 그런 위험한 길을 무서운 속도로 달리는 버스보다 남편을 더 힘들게 하는 것은 버스 안에 탄 파키스탄 남자들의 시선이었다. 그들은 끊임없이 우리를, 아니 나를 흘깃거렸다. 나는 긴 치마를 입고, 위에는 간절기 점퍼를 입고 있었고, 스카프에 모자까지 눌러쓰고 있었다. 파키스탄 여자들처럼 신체의 곡선이 드러나지 않도록 모두 가렸다. 그러나 그런 것은 아무 상관없는지 우리 옆, 뒷자리에 앉은 파키스탄 남자들은 끊임없이 나의 일거수일투족을 감시하듯 쳐다보았다.

    아직 라마단 기간이었으므로, 어두워지자 버스는 곧 어느 식당 앞에 멈춰 섰다. 식당 앞 공터는 많은 버스가 줄지어 주차되어 있었고, 모두 오늘의 첫 번째 끼니를 해결하기 위해 식당 안으로 들어섰다. 식당 안으로 들어가 빈자리를 찾아 앉고, 음식을 주문하기까지 우리를 주시하던 수많은 파키스탄인을 나는 잊을 수가 없다. 남자들은 하나같이 까만 콧수염을 길렀고, 엄청나게 눈이 컸다. 가끔 보이는 여자들은 머리부터 발

15)**길기트(Gilgit)**는 파키스탄의 길기트강과 훈자강 유역의 지방이다. 대부분이 중국어를 사용하며, 파키스탄과 인도의 귀속 분쟁이 계속되고 있는 곳이다.

끝까지 까만 부르카Burka를 뒤집어써서 까만 유령처럼 보였다. 음식을 먹던 그들이 일제히 고개를 들어 우리를 바라보았을 때의 그 무거운 공기 때문에, 남편은 식사고 뭐고 그냥 나가자고 말했을 정도이다. 지금 먹어 두지 않으면 내일 아침까지 걸러야 한다며, 나는 남편을 설득했다. 우리가 대화를 나누고 식사를 할 때에도 그들은 우리를 구경했다. 이란 사람들은 흘끔거리긴 해도 대놓고 쳐다보지는 않는데, 파키스탄 사람들은 신기한 구경거리처럼 우리를 쳐다보았다. 결국 먹는 둥 마는 둥 하고 우리는 식당 밖으로 나와야 했다.

사실 나는 그런가 보다 하고 넘겼다. 그런 시선에 익숙한 것은 아니지만, 의식하지 않으려고 애썼다. 그러나 식당에서 이미 지쳐버린 남편은 버스 안에서도 몇 시간째 반복되는 그들의 시선에 예민해질 대로 예민해져 나를 쳐다보는 남자를 노려보았다. 나는 창가 쪽에 앉았고 남편이 복도 쪽에 앉는데도 그랬으니, 내가 복도 쪽에 앉았으면 상황이 어땠을까. 남편이 계속 노려보자, 차량 복도를 사이에 두고 옆에 앉은 파키스탄 남자는 나를 똑바로 주시하지 못하고, 흘끔거렸다. 밤새 달리는 버스의 덜컹거림이 요람인 양 나는 너무나 피곤해서 의자를 뒤로 젖히고 편히 자고 싶었다. 그러나 내가 의자를 뒤로 젖히자, 뒤에 앉은 남자가 상체를 최대한 곧게 세워 나를 위에서 아래로 내려다보았다. 사실 나는 모자를 쓰고 있어서 뒤의 남자가 그렇게 하는 것을 알지 못했다. 그러나 남편은 뒤에 앉은 남자의 행동을 보고 경악했고, 나는 젖혔던 의자를 다시 앞으로 당겨야 했다.

이란의 야즈드에서 만났던 순덜 씨에게 들은 악명 높은 파키스탄 남자들의 외국 여성 성추행 때문에 남편은 자기 마누라를 누가 어찌할까 노심초사하며 한숨도 자지 못했다고 했다. 그러나 남편 덕분에 나는 쿨쿨 잘도 잤다. 그리고 밤새 달린 버스가 어느새 길기트에 도착했다. 파란 하늘과 설산에 마음의 평온을 되찾으며 우리는 일단 뜨거운 차이로 빈속을 달랬다. 이제 훈자로 유명한 카리마바드Karimabad까지는 길기트에서 차로 2~3시간 거리이다.

story # 08

여행자들을
자신의 품에 머물게 하는 곳,
훈자

훈자 Hunza

    훈자의 베이스캠프가 되는 카리마바드^{Karimabad}에서 우리가 숙소로 정한 멀베리 호텔^{Mulbarry Hotel}의 작은 정원은 동물농장 같았다. 멀베리 호텔 옆집에서 키우는 송아지와 염소 두 마리가 정원의 풀을 뜯어 먹느라 분주하기 때문이다. 녀석들에게 물려서 못 먹게 된 청포도와 먹다 남긴 사과를 몇 번 주었더니, 나중에는 다가가도 도망가지 않았다. 도망가기는 커녕 내 손을 핥았다.

    며칠 간 머물면서 옆집 식구들과 친해졌다. 옆집 할머니는 늘 사과를 따서 갖다 주셨고, 할머니의 며느리는 소젖을 짜거나 빨래를 할 때 우리가 다가가면 활짝 웃어 주었다. 훈자의 가을. 아름다운 설산의 햇살과 빨

잘게 익은 사과가 지천이다. 이곳은 여행자의 여행 의지를 스르르 녹여 이곳에 오래도록 머물게 하는 무언가가 있다.

벌베리 호텔의 작은 정원에서 호텔의 관리인 노미가 끓여준 차이를 마시고 있을 때, 벨기에 커플이 체크인을 했다. 그들은 우리에게 며칠간이나 여기서 머물렀고, 무엇을 했는지 물었다. 우리는 'We did nothing.'이라고 말했다. 밀린 빨래를 하고, 광합성을 하며 나른한 휴식을 취하고, 차이를 마시고, 코쇼산 Khousho sun 게스트하우스에서 한국어 활자로 된 책을 빌려다 읽은 게 우리가 한 전부였기 때문이다.

우리가 훈자에서 특히 좋아한 건 이른 아침이었다. 햇살이 아직 대지를 달구지 않은 아침은, 모든 것이 청명하고 고요했다. 상점들은 아직 문을 열지 않았고, 차도 별로 다니지 않았다. 부지런한 옆집 송아지는 벌써 나와서 정원의 풀을 뜯고 있었다. 또한 이곳에서는 파키스탄 남자들의 시선을 의식하지 않아도 되었다. 외국 여행자들이 많이 찾는 이곳에서는 우리 같은 이방인이 신기한 구경거리가 아니었다.

숙소가 멀베리 호텔이었기 때문에 대부분의 시간을 이곳에서 보냈지만, 아침은 하이더인$^{Haider\ Inn}$ 레스토랑에서 먹었다. 하이더인의 야외 테이블엔 몇몇 일본인이 차이를 마시며 엽서를 쓰거나 풍경을 바라보고 있었다. 더 없이 평화로운 풍경. 인터넷 속도가 끔찍하게 느려서 로그인하는 데 10분이 걸려도, 먹을 게 늘 거기서 거기여도 용서되는 곳이 훈자이다.

배낭여행자들에게 가장 인기 있는 숙소는 하이더인이다. 이곳은 3인실 방에 침대 하나당 100루피를 받았고, 뜨거운 물 샤워가 힘들었지만 숙소 앞 전망만큼은 최고였다. 그러나 우리는 지친 몸을 편히 쉴 수 있는, 투숙객이 얼마 없으면서 뜨거운 물 샤워도 가능한 숙소를 알아보다가 멀베리에 짐을 풀었다. 성수기에는 하루에 700루피인 더블룸을 오래 머문다는 조건하에 하루 300루피로 깎았다. 그리고 소심하지만 착한 멀베리 호텔 관리인 노미를 알게 된 것도 행운이었다. 노미의 음식 솜씨는 정말 좋아서, 우리는 매일 저녁 노미가 해 준 요리를 먹었다. 이것도 두 사람분의 저녁 한 끼에 250루피로 협상해서 얻은 결과였다.

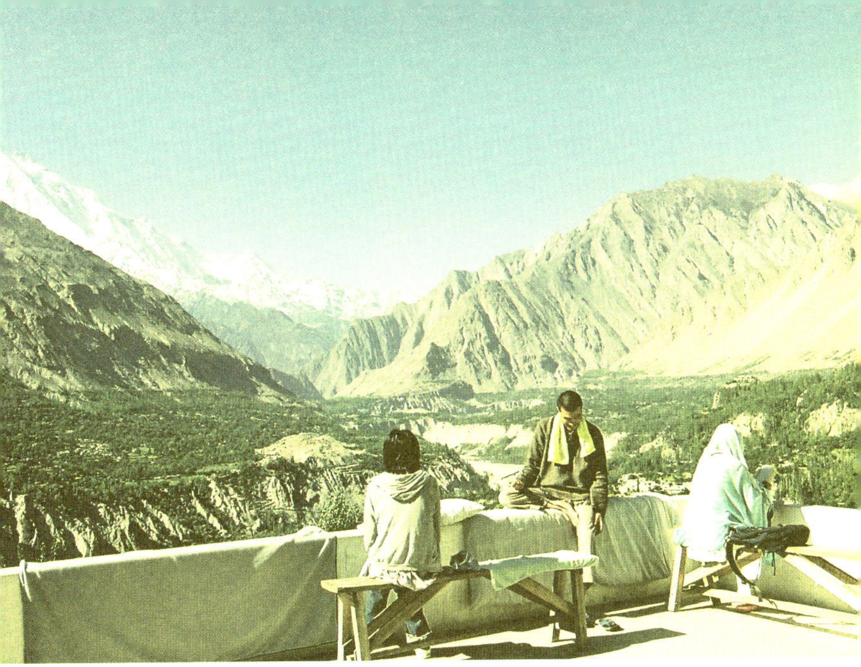

WELCOME TO
MULBARRY HOTEL AND
HUNZA CONTINENTAL FOOD PLAZ
A REAL TASTE OF THE FOOD
SNACKS
- CAMPING PLACE . A SWEET PLACE STAY

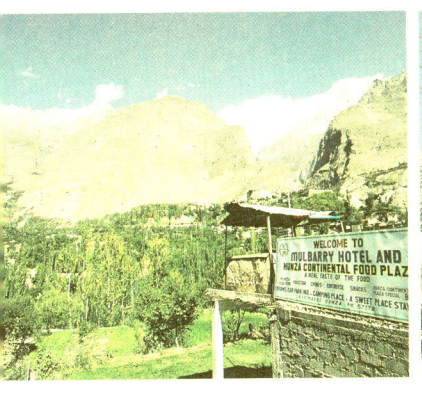

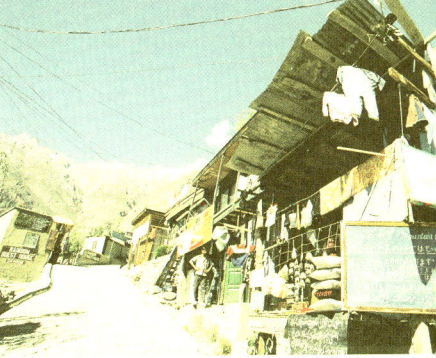

story # 09

어느
안과의사 아저씨

훈자 Hunza

　　멀베리 호텔의 레스토랑에서 저녁을 먹고 이런저런 이야기를 나누고 있을 때, 40대 후반으로 보이는 한 한국 남자가 레스토랑 안으로 들어왔다. 늦은 저녁에 이곳에 도착한 그는 낯선 타국에서 한국인을 만났다는 반가움에 우리에게 합석해도 좋은지 물었다. 그는 부산에서 안과의사를 하고 있다고 했다. 약 일주일간 라호르에서 의료봉사를 하러 온 아저씨는 주로 백내장이나 사시를 무료로 치료하기 위해 파키스탄에 왔다고 했다. 그리고 그는 훈자에 오고 싶어서 의료봉사를 시작하는 날보다 3일이나 빨리 이곳에 왔다고 했다.

　　아저씨의 카리스마가 느껴졌는지, 우리에겐 곧잘 장난을 치고 농담을 하던 멀베리 호텔 관리인 노미가 아저씨에게는 정중하게 행동했다.

　　한국의 안과의사협회에서 파키스탄으로 의료봉사를 가기로 결정했을 때, 파키스탄 대사가 찾아와 눈물을 흘리며 고맙다고 했다고 아저씨가 말해주었다. 가난한 자국민을 위해 눈물을 흘렸다는 파키스탄 대사의 말을 듣고 가슴이 찡했다. 파키스탄 여행을 하며 '유난히 사시가 많구나.'라고 생각했었는데, 돈이 없어 평생 그렇게 살아야 했을 그들 중 몇 명이라도 치료를 받을 수 있다니 내 가슴도 훈훈해졌다.

안과의사 아저씨는 직업이 직업이다 보니 사람을 보면 맨 처음 눈을 본다고 했다. 훈자에 오는 차 안에서 한 오누이를 만났는데 얼핏 보니 여동생이 사시였다고 했다. 오빠로 보이는 이에게 물으니 여동생은 미혼이고, 열아홉이라고 했다. 눈이 저래서야 어떻게 결혼하겠느냐, 내가 안과의사인데 여동생의 눈을 봐도 되겠느냐고 물었지만 거절당했다고 한다. 이슬람 국가에서 낯선 남자가 자신의 여동생 눈을 들여다본다고 하니 아무리 상대가 의사여도 용납이 안 되었던 것이다.

안과의사 아저씨는 이슬람의 원칙이 그리 중요한 걸까, 의구심이 들었다고 했다. 하지만 사람의 목숨도 앗아가는 게 종교라고 나는 생각한다. 뼛속까지 이슬람인 그들에게는 그들의 원칙이 중요한 것이다.

story # 10

파키스탄에 사는 한국인,
복마니

훈자 Hunza

어느 날 오후 길기트에서 게스트하우스를 운영하는 복마니 씨가 멀베리 호텔에 왔다. 멀베리 호텔의 관리인 노미와는 꽤 친분이 있는지 파키스탄어로 이런저런 대화를 나누었다. 복마니. 여행을 준비하며 '5불 카페'라는 인터넷 여행 동호회에 자주 들락거리며 정보를 모을 때, 유라시아 횡단 질문 게시판에 제일 정성껏 댓글을 달아주던 닉네임이었다. 닉네임이 참 촌스러워 기억나던 복마니. 내가 쓴 질문에 친절하게 댓글을 달아주어 참 고마웠던 그를 훈자 카리마바드에서 보게 된 것이다.

'복마니'라는 촌스러운 닉네임 때문이었는지, 혼자 게스트하우스를 운영한다는 선입견 때문이었는지 중년의 남자일 것이라고 상상했던 그가 생각보다 너무 젊어서 나는 적잖이 놀랐다. 젊은 남자가 하필이면 파키스탄에서, 그것도 혼자 살고 있다는 사실에 나는 그가 궁금해졌다. 그가 파키스탄 여자와 결혼을 했다거나 파키스탄이 비교적 안전하고 잘사는 나라였다면 이런 궁금증은 갖지 않았을 테지만, 나는 '왜 하필 파키스탄이지?'라는 의구심을 지울 수가 없었다. 그러나 그의 대답은 명쾌했다. '파키스탄이 좋아서.'였다.

내가 짧은 시간 느낀 파키스탄은 징글징글했다. 파키스탄 남자들의 외국인 여자를 바라보는 시선이 그랬고, 우리가 파키스탄에 간다고 했을 때 고개를 절레절레 흔들던 이란인들의 걱정스러운 표정에서도 그랬고,

야즈드에서 만났던 순딜 씨가 들려준 파키스탄 남자들의 끊임없는 성추행 사건도 그랬다. 그리고 한국의 텔레비전에서 보았던 파키스탄 여성들의 동물과도 같은 인권에 대한 이야기도 파키스탄에 대한 나쁜 인식을 갖기에 충분했다.

그러나 복마니 씨의 생각은 달랐다. 파키스탄 남자들의 빈번한 성추행에 대해 물었을 때, 파키스탄 남자들의 그런 점은 인정했지만 여성 여행자의 복장도 중요하며, 바자르와 같이 붐비는 곳을 여성 혼자 돌아다니는 것은 표적이 될 수밖에 없는 일이라고 그는 말했다. 외국인을 자주 접해보지 못한 대부분의 파키스탄 남자들에게 외국인은 신기한 대상이고, 이들이 배우는 윤리 교육은 코란이 전부인데 제대로 교육받지 못한 사람일수록 극단주의 이슬람인 경우가 많다고 말했다. 그러나 파키스탄인들은 친구가 되면 한없이 퍼준다고 했다. 돈밖에 모르는 인도인들과는 다르다고 그는 힘주어 말했다.

의료봉사를 온 안과의사 아저씨의 사시 처녀의 눈을 보겠다는 방법도 잘못되었다는 게 복마니 씨의 의견이다. 친구가 되지 않고서는 가족의 여자를 낯선 남자에게 보여주지 않는 이슬람 규율에 어긋나므로, 낯선 남자가 다짜고짜 자신이 의사라며 여동생의 눈을 보겠다고 했을 때 선뜻 보여줄 사람은 파키스탄에는 없다는 것이다. 무슬림들을 무조건 융통성이 없다고 생각할 것이 아니라, 그들의 방식을 존중할 필요가 있다고 말했다. 그를 통해, 파키스탄을 잠시 느끼고 가는 여행자의 입장이 아닌 현지에서 사는 사람의 입장에 대해 들을 수 있었다.

story # 11

마음의 부자,
만주르 아저씨

훈자 Hunza

　　만주르Manjr는 우리가 머물고 있는 멀베리 호텔의 관리인 노미의 친구이다. 그는 5인용 지프Jeep를 가지고 있는데, 카리마바드 주변의 1일 여행 가이드를 하며 생계를 이어나가고 있다. 봉사 때문에 시간이 얼마 없던 안과의사 아저씨가 파수Passu를 다녀오는 하루짜리 투어를 가지 않겠느냐고 권해서 우리도 따라나섰고, 그때 우리의 가이드 겸 운전사였던 만주르를 처음 만났다.

　　훈자에서만 널브러져서 쉬고 있던 우리에게 파수는 색다른 매력을 안겨주었다. 가는 길에 빙하도 볼 수 있었고, 파키스탄과 중국을 연결하는 카라코람 하이웨이KKH(Karakoram Highway)가 생기기 전, 아랍의 대상들이 낙타를 끌고 중국으로 향했던 예전의 실크로드도 볼 수 있었다. 투어 마지막에는 이글스 네스트Eagle's Nest라는 전망이 훌륭한 곳에도 들렀다. 게다가 돌아오는 길에는 무지개를 보는 행운까지 따랐다.

 매너 좋고 화통한 성격의 만주르 아저씨를 우리 부부는 좋아하게 되었다. 봄에 살구꽃이 흐드러지게 피면 이곳이 너무나 아름답다면서 언젠가 다시 훈자에 오라고 그는 말했다. 춥고 눈이 와서 외부로 나가는 길이 차단되는 10월 중순부터는 무엇을 하며 이 첩첩산중에서 시간을 보내는지 묻자, 그는 '훈자의 겨울은 길지. 아이를 만드는 일 밖에는 할 일이 없어.'라며 웃었다.

 파키스탄 비자 만료일이 거의 다 되어서 우리가 카라코람 하이웨이를 넘어 중국으로 가는 교통편을 알아볼 때도, 알리아바드Aliabad의 16)낙토버스NATCO Bus로 중국 카슈가르Kashgar행 티켓을 살 수 있다며 도와준 것도 만주르 아저씨였다. 그는 이곳에서의 생활에 만족하는 것 같았다. 자신은 돈이 별로 없지만, 마음만큼은 부자라고 말하던 사람이었다. 돈이 절대적인 행복의 기준이 아니라고 말해준 사람. 마지막으로 파키스탄을 떠나던 날도 그는 우리를 버스터미널까지 태워다 주었고, 중국으로 넘어가면 맛보기 힘들다면서 차이도 사주었다. 그는 그런 사람이었다.

---

16) 낙토버스(NATCO Bus)는 파키스탄 정부에서 운영하는 버스로 카라코람 하이웨이의 노선을 운행한다. 여행자들에게 인기 높은 길기트나 훈자 또는 중국 국경을 향하는 노선과 연결해준다.

story # 12

요리는
즐거워

훈자 Hunza

    우리의 아지트였던 멀베리 호텔에서 우리는 대부분의 시간을 보냈다. 아침이면 숙소 앞에 펼쳐지는 웅장한 설산의 풍경을 넋 놓고 바라보다가, 관리인 겸 숙소의 부설 레스토랑을 운영하는 노미에게 차이를 주문해서 마셨다. 차이를 마시며 담소를 나누다 보면, 옆집에서 키우는 송아지와 염소가 우리가 앉아 있는 숙소 정원으로 마실을 나오기도 했다.

    훈자에서 머무는 시간이 길어지면서 우리는 자연스레 관리인 노미와 친해져, 그가 바쁠 때는 레스토랑 부엌에 들어가 설거지를 도와주기도 했다. 어느 날은 점심때 스즈키(일본의 스즈키 미니트럭을 개조해서 사람들을 태우는 차)로 10분 거리인 알리아바드에 가서 장을 봐서 레스토랑의 부엌에서 요리를 하기로 했다.

    알리아바드에는 푸줏간도 있고, 노점에서 야채를 파는 행상도 많았다. 냉장 시설이 되지 않은 푸줏간에는 갓 잡은 소를 손질하는 남자의 손길이 분주했다. 손질이 끝난 고기는 적당한 크기로 토막 내어 갈고리에 끼워 천장에 매달아졌다. 이슬람을 믿는 이곳에서는 돼지고기를 구할 수가 없어서 푸줏간에는 거의 소고기나 야크고기, 양고기, 염소고기가 진열되어 있다. 야크와 야채를 넣은 커리를 만들어 노미와 만주르 아저씨를 초대하기로 한 우리는, 푸줏간에서 야크고기를 사고 야채 행상에서는

감자와 양파를 샀다. 카라코람 하이웨이를 넘어 중국으로 넘어가면 이제 슬슬 겨울이 시작되므로, 서티베트 여행을 대비해 두꺼운 점퍼도 장만했다. 새것은 가격이 만만치 않아 중고를 샀지만, 그것들은 앞으로 요긴하게 쓰일 것이다.

훈자에서는 중국에서 넘어온 청포도나 라면도 쉽게 구할 수 있었다. 가끔 우리는 노미와 만주르 아저씨가 숙소 레스토랑에서 늦은 시간 몰래 술을 마시는 것을 목격하곤 했다. 이슬람에서 엄격하게 금지하는 술을 중국 국경과 인접한 이곳에서는 쉽게 구할 수 있었다. 노미와 만주르 아저씨가 중국제 독한 술을 마시다가 들켰을 때, 우리는 모르는척했다. 그들도 사람인 것이다. 이슬람이지만 그들도 취하고 싶을 때가 있겠지.

알리아바드에서 장보기를 마친 후, 우리는 다시 스즈키를 타고 훈자로 돌아왔다. 부엌에서 우리가 커리를 만드는 사이, 노미는 차파티^{Chapati}를 구웠다. 우리 부부와 노미, 만주르 아저씨의 조촐한 저녁 식사가 준비되었다. 노미는 한국식 커리도 맛있다며 너스레를 떨었다. 커리는 넉넉했으므로, 늘 사과를 얻어먹던 옆집 할머니 댁에도 가져다 드렸다.

#04 China & Tibet Story

기도와 염원으로 가득한,
중.국.-티.베.트.

바람이 머무는, 척박한 땅 티베트.
시리도록 파란 하늘, 숨쉬기도 힘든 고산지대.
바람에 나부끼는 오색 깃발 타르촉과
오체투지를 하는 사람들.
기도와 염원이 일상이 된 티베트 사람들.
평화롭게 풀을 뜯는 야크 떼와
사골 국물같이 뽀얀 색깔의 야크 버터티.

이제는 중국의 오성홍기가 휘날리는 가슴 아픈 라싸.
그러나 타인의 업까지도 염려하며 기도하는 티베트인들.
언제나 가슴 아릿하고 그리운 장소.

혼자, 그리고 함께한 90일간의
아시아 여행기

카라코람 하이웨이를
넘어 중국으로

훈자 알리아바드에서 아침 8시 20분에 출발한 [17]카슈가르Kashgar행 낙토버스는 밤 12시 반에 중국 카슈가르에 도착했다. 중국 시간으로 밤 12시 반이니까 파키스탄은 밤 9시 반일 것이다. 13시간이 걸린 것이다. 중간에 파키스탄 소스트Sust에서, 국경에서, 중국 이민국에서 짐 검사가 있었고, 다섯 번씩이나 여권 검사를 받아야 했다.

1966년부터 12년에 걸쳐 완공된 카라코람 하이웨이는 3,000여 명의 희생자를 낳았다고 한다. 산을 끼고 굽이굽이 도는, 길이 위험하다기보다는 자연풍광에 압도되는 그 길이 그렇게나 많은 사람의 희생으로 탄생한 것이다.

파키스탄 쪽 카라코람 하이웨이는 비포장도로에 깎아지른 절벽을 굽이굽이 감아도는 도로이다. 중국으로 국경을 넘자마자 아스팔트로 잘 닦아놓은 포장도로가 시작되며, 완만한 길에는 야크 떼가 풀을 뜯는 그림 같은 풍경이 계속 펼쳐진다.

---

[17] 카슈가르(Kashgar)는 카스(Kashi)라고도 하며, 중국 신장웨이우얼 자치구에 속해있다. 주민은 주로 위구르족이며, 한족을 포함해 17개의 소수민족이 거주한다. 지리상으로는 중앙아시아로 가는 실크로드의 요지이다.

중국 이민국에서는 짐 검사를 아주 철저하게 했다. 훈자에서 먹다 남은 사과 두 알을 가방 안에 넣어 왔는데 이민국 직원에게 바로 압수당했고, 가방 검사도 모자라 몸수색까지 당했다. 같이 낙토버스 안에 타고 있던 파키스탄인들은 짐 검사가 더 까다롭고 오래 걸렸다. 그 사이 우리는 화장실을 찾았다. 건물 안에 화장실이 없어 건물 밖으로 나가 중국인에게 'Toilet?'이라고 물었지만, 그 중국인은 토일렛이라는 말을 이해하지 못했다. 그래서 '츠어소'라고 말했지만 그것 역시 못 알아들었다. 내 성조가 엉망이라 이해하지 못하는 것 같았다. 배를 움켜쥐는 제스처를 취했더니 그제야 '아~, 츠어소~.' 하며 손가락으로 방향을 가리켰다. 역시 만국 공용어는 보디랭귀지이다.

중국인이 손가락으로 가리킨 방향에는 허름한 화장실이 있었고, 화장실 안에는 칸막이만 있을 뿐 문이 없었다. 아, 정말 중국에 온 게 맞구나.

5년 전 처음 중국 여행을 할 때 나를 가장 난감하게 했던 것이 바로 중국의 화장실이었다. 문은 없고 칸막이만 있는 중국의 화장실. 물론 다 그런 건 아니지만, 도시가 아닌 시골에는 이런 화장실이 아직까지도 많다. 그런데 나는 그 순간 문은 없고 칸막이만 있는 중국 화장실에서 아련한 향수를 느꼈다. 그 열악한 화장실까지도 내게는 그리움으로 남아있었던 모양이다.

　화장실을 다녀오니 이제는 배가 고팠다. 이민국 건물 앞에 서 있는 낙토버스 옆으로 매점이 보였다. 남편과 나는 매점에 들어가 반가운 사발면을 발견했고, 두 개에 10위안을 주고 샀다. 친절한 매점 주인아주머니는 '수이~ 수이~.' 하며 뜨거운 물을 부어 주었다. 파키스탄 국경마을 소스트에서 남은 루피를 중국 위안으로 바꾼 것이 있어서 다행히 우리는 배를 주리지 않았다.

　낙토버스는 다시 출발했고, 자정에 우리를 카슈가르에 내려놓았다. 카슈가르는 생각보다 번화한 도시였고, 길은 반듯했고, 저녁 늦게까지 사람들로 붐비고 있었다. 이제는 약간의 노출에도 신경을 곤두서지 않아도 된다. 거리의 여성들은 스카프를 둘렀지만, 거침없이 미니스커트에 부츠 차림이다. 사람들의 생김새도 점점 우리와 비슷해지고 있어 이질감은 들지 않았다. 택시는 미터기를 사용하고, 인터넷도 빨랐다. 문명 세상으로 나오니 편하면서도 조금은 낯설었다.

story # 02

낯선 도시에서의
안 도 감
카슈가르 Kashgar

    [18]티베트Tibet 가이드북은 있었지만, 중국 카슈가르에 대한 변변한 정보가 없던 우리가 카슈가르에 대해 알고 있는 것은 고작 숙소 서만빈관色滿賓館이었다. 여행자들 사이에 유명한 숙소였으므로, 일단 여기에 가면 서 티베트로 가는 정보나 카슈가르의 유명한 일요시장에 가는 방법 등은 해결될 것이라 믿었다. 그러나 우리가 탄 낙토버스가 카슈가르에 도착한 시간은 자정이 넘은 시각이었다. 어둠이 내린 도시에는 네온사인이 번쩍이고 택시들이 쌩쌩 달렸지만, 낯선 도시에 처음 도착했을 때의 두려움이 마음 한켠에 새겨졌다. 우선 택시를 잡아타고 서만빈관으로 향했다.

    다행히 서만빈관에는 3인실의 도미토리가 있어, 우리는 야심한 시각에도 체크인을 할 수 있었다. 서만빈관에는 다양한 형태의 방이 있었지만, 3인실 도미토리는 저렴한 대신 공용 샤워실과 화장실을 사용해야 하는 불편함이 있었다. 배정받은 방에는 침대 3개가 나란히 놓여 있었는데, 우리 외에도 다른 한 명의 여행자가 투숙했다. 그 여행자는 일본인인 듯, 침대 위에는 Moby-Dick이라는 영문과 함께 일본어로 쓰여 있는 문고본이 놓여 있었다. 『모비딕』. 언제 이 책을 읽었던가. 초등학교에 다닐 때였

---

[18]**티베트(Tibet)**는 중국 남서부에 있는 티베트족 자치구이다. 1951년 중국의 종주권과 티베트의 자치권을 인정하는 평화협정을 체결하였고, 1959년 민주화 개혁운동을 거쳐 1965년 정식으로 자치구가 성립되었다.

던가? 그 순간 내 몸을 누일 공간에 도착했다는 안도감과 더불어 아련한 향수가 밀려왔다. 짐을 풀고 신발도 벗지 않은 채 나는 침대에 누워, 『모비딕』의 줄거리를 상상했다. 읽은 지 너무나 오래된 이 고래 이야기의 결말이 뭐였는지 도통 떠오르지 않았다.

남편은 배가 고팠는지, 나가서 간단히 무엇이든 먹자고 말했다. 『모비딕』의 결말을 상상하는 건 뒤로 하고, 나는 여행 중에 배낭에 『모비딕』 문고본을 넣고 다니는 일본 여행자는 어떤 사람일지 궁금해 하며 남편을 따라나섰다. 다행히 서만빈관 맞은편에는 양꼬치를 파는 식당이 아직 영업을 하고 있었다. 양꼬치 구이는 한 개에 겨우 1위안이었다. 맛도 훌륭해서 우리는 몇 개나 먹었다. 그리고 맥주도 한 잔 했다. 이제 이슬람 국가를 벗어났으니 쫄쫄 굶어야 하는 라마단도, 무알콜 음료도 없다.

낯선 도시에서의 안 도 감

story # 03

사람냄새 나는
일요시장

카슈가르 Kashgar

19) 위구르(Uighur)족은 몽골 고원과 중앙아시아 일대에서 활약한 투르크계 민족이다. 지역 특성상 동서 교역을 연결하며, 유목과 농경문화를 결합한 독특한 문화를 발전시켰다.

중국 끄트머리에 위치한 카슈가르는 중앙아시아와 파키스탄, 서티베트 등지로 이동하는 교통의 요충지이기도 하다. 하지만 그보다 [19]위구르Uighur인들 고유의 이슬람 문화 양식을 볼 수 있다는 매력과 일요시장 때문에 점점 배낭여행자들이 늘어나는 곳이다.

인민 광장에서 버스를 타고 위구르인들이 몰려 사는 올드타운으로 향했다. 현대식 건물들과 은행, 상점으로 치장되어 있는 인민 광장 주변과 달리, 올드타운은 호젓했고 조용한 황톳빛 집들이 늘어서 있었다. 번영했던 예전의 모습은 없지만, 와자지껄한 시장 풍경은 즐거웠다. 거리에는 수레를 끄는 당나귀와 사람들로 가득했고, 머리에 흰 모자를 쓴 회족(이슬람) 남자들이 양고기나, 수박, 달걀, 감자 등을 팔고, 다른 한쪽에서는 석류 주스나 이들이 즐겨 먹는 넓적한 빵을 팔고 있었다.

세상에는 참 다른 모습의 사람들이 많이 있고 시장에서 사고파는 물건들도 조금씩 다르지만, 흥정하는 방식이나 살갑게 구는 사람에게는 조금씩 덤으로 더 주는 것을 보면, 우리는 모두 공통분모가 있고 생김새는 달라도 비슷한 방식으로 살아가고 있다는 것을 느낄 때가 많다. 여행하면서 나는 그 공통점을 많이 보았고, 그 모습에 애틋함을 느꼈다.

물건을 살 것도 아니면서 우리는 이리 기웃 저리 기웃하며 구경을 하고, 유독 사람이 많은 허름한 식당에서 밥을 먹었다. 요리사는 식당 입구 한편에 매달아놓은 양고기를 뚝뚝 썰어 금세 맛있는 빤미엔^{拌面}(가락국수 면발의 쫄깃쫄깃한 국수)을 만들었다. 배를 채운 우리는 황톳빛 집들과 아이들이 뛰어노는 올드타운의 거리를 거닐며 즐거운 한낮을 보냈다.

겉으로는 이렇게 평화로워 보이는 이곳도 참으로 많은 아픔이 있었다. 한때 중국 정부는 이슬람을 믿는 위구르인들의 가정마다 의무적으로 돼지를 키우도록 했고(이슬람을 믿는 사람들은 이슬람의 교리 경전인 코란에서 금지하는 이유로 돼지고기를 절대 먹지 않는다.), 얼마 전에는 티베트에 이어 신장자치지구에서도 중국 제국주의에 의한 유혈시위사태가 있었다.

story # 04
도 둑 놈 소 굴
예청 Yecheng

예청葉城, Yecheng행 버스를 타기 위해 카슈가르 버스터미널에 도착했다. 매표소 창구에 가서 가이드북을 뒤적여 서투른 중국어로 몇 시에 버스가 있는지 물었는데, 매표소의 여직원은 심드렁하게 수시로 버스가 출발한다고 말했다. 정말 버스는 30분마다 한 대씩 있었다. 예청은 알리Ali행 버스를 타기 위해 꼭 들러야 하는 거점이다. 알리에서 우리는 서티베트의 거점인 다르첸Darchen행 버스를 탈 예정이다.

예청행 버스는 30분마다 한 대씩 있었지만, 손님을 가득 채우기 전에는 좀처럼 출발하지 않았다. 출발을 기다리던 사람들은 버스 안에서 담배를 피우기도 하고, 터미널 안의 매점에서 군것질 거리를 사오기도 했다. 마지막 빈 좌석까지 꽉 채워진 후에야 비로소 버스는 출발했다. 그리고 카슈가르를 벗어난 버스는 당나귀가 다니는 정겨운 시골길을 네 시간 반이나 달려 우리를 예청에 내려주었다.

예청 버스터미널의 규모는 생각보다 컸다. 학교 운동장만한 공터에 수많은 침대 버스가 주차되어 있고, 버스 지붕에는 짐이 한가득이었다. 무표정한 얼굴로 버스 시간을 기다리며 앉아있던 사람들 사이를 뚫고 매표소에 다다랐다. '알리?' 라고 물으니, 매표소 직원은 이곳에서는 판매하지 않는다며, 링꽁리에 가보라고 말했다. 중국어를 못하는 우리가 겨우 알아들은 단어는 '메이요우(없어요).' 와 '링꽁리' 가 전부였다. 링꽁리를 종이에 써달라는 제스처를 취하자, 매표소 직원은 '0空里' 라고 또박또박 써주었다. 중국어에는 4개의 성조가 있는데, 이상한 성조로 발음하면 현지인들은 이해하지 못할 때가 많다. 이럴 때는 글로 써달라고 하는 게 시간을 절약하는 방법이다.

    2번 버스가 링꽁리까지 간다는 정보를 파키스탄 훈자에 있을 때 게스트북에서 보았기 때문에, 버스터미널 앞에서 일단 2번 버스를 기다려보기로 했다. 터미널 앞은 많은 사람과 길거리 음식점들로 북적였다. 그렇지 않아도 배가 출출하던 참이지만, 해질 무렵이어서 얼른 링꽁리에 가서 숙소를 잡아야 했다. 한참을 기다려도 버스는 오지 않았다. 초조해진 마음에 근처 노점 상인에게 물으니, 곧 올 거라며 '덩샤 덩샤' 라고 말했다. 기다리라는 뜻이리라. 잠시 후 버스가 도착했고, 운전기사에게 '0空里' 라고 써진 종이를 보여주었더니 운전기사는 고개를 끄덕이며 타라는 손짓을 했다. 버스비는 1인당 2위안이었다. 버스 안의 사람들이 우리를 신기한 듯 쳐다보며 이것저것 물었지만, 중국어를 못하는 탓에 우리가 할 수 있는 말은 '한쿠어(한국)' 가 전부였다. 그래도 사람들은 '아~ 한쿠어~.' 라며 고개를 끄덕여 주었다.

버스 차창 밖으로 보이는 예칭의 구시가지는 정겨웠다. 해가 뉘엿뉘엿 지는 풍경 사이로 당나귀를 모는 노인이 지나가고, 저녁 끼니도 잊어버린 듯 아이들이 놀고 있었다. 버스가 계속 달릴수록 바깥 풍경은 점점 황량해졌다. 풀도 없고 인가도 드물었다. 이제 창밖은 짙은 어둠이 내려앉았고, 가로등도 없었다. 우리에게 호기심을 보이며 이것저것 물었던 사람들은 하나 둘씩 내리고, 버스 안은 승객도 몇 안 남아 괴괴하기만 했다. 그렇게 얼마를 달렸을까. 황량하기 이를 데 없는 곳에서 버스는 멈춰 섰고, 다 왔다며 운전기사가 내리라고 말했다. 정말 이곳이 링꽁리인 것일까. 이렇게 황량한 곳에 알리행 버스가 있다는 것일까. '링꽁리?'라고 되물었더니 운전기사는 다짐이라도 하듯 고개를 크게 끄덕였다.

얼떨결에 버스에서 내리긴 했지만, 주변은 인적도 드물고 날은 이제 완전히 어두워져 있었다. 우리가 내리자 버스는 다시 먼지를 풀풀 날리며 떠나버렸다. 흙먼지를 일으키며 멀어져 가는 버스는 오래된 영화의 한 장면을 연상시켰다. 우리가 버스에서 내린 이곳은 사람이 살 것 같지 않은 으스스한 분위기의 유령 마을 같았다. 음산한 어느 영화 세트장에라도 떨어진 기분으로 우리는 잠시 멍해져 그 자리에 우두커니 서 있었다. 그곳은 전혀 현실 세계 같지 않아서 무엇을 어떻게 시작해야 할지 막막하기만 했다. 다만 무거운 배낭으로 인한 어깨 통증과 텅 빈 위장의 꼬르륵 소리가 우리가 서 있는 이곳이 현실 세계라고 일깨워줄 뿐이었다. 정신을 차린 우리는 우선 불빛이 새어 나오는 어느 곳이든 가서 짐을 내려놓고 식사를 하기로 했다.

어둠 속을 저벅저벅 걸어 불빛이 새어 나오는 어느 초대소招待所를 발견했다. 그리고 그 옆에 거대한 형체의 어떤 덩어리를 발견했다. 그것은 놀랍게도 파란빛을 띠는 버스였고, 그 옆에서 사람들이 둘러앉아 마작을 하고 있었다. 그들에게 '알리?'라고 물으니 그들은 그렇다며 반갑게 대답해 주었다. 그러나 값을 물어보니 알리까지 한 사람당 800위안이라고 했다. 그럴 리가 없다. 훈자의 하이더인의 게스트북에는 4개월 전에 이곳을 여행했던 일본인이 영어로 400위안이라고 정보를 적어놓았는데, 800위안이라니! 그렇게 터무니없이 올랐을 리가 만무하다. 너무 비싸다고 우린 학생이라고 해보아도 이구동성으로 그들은 무조건 800위안이라고 말했다. 내일 아침 7시에 출발하니 빨리 표를 예약해야 한다는 말도 덧붙였다. 카슈가르의 서만빈관의 서양 여행자들은 랜드크루저Land Cruiser를 타고 알리까지 가기도 한다. 그 랜드크루저는 알리까지 가는 데 한 사람당 1,000위안이었다. 우리는 1,000위안이 너무 비싸서 직접 예청까지 왔는데, 알리까지 800위안이라니. 그것도 이렇게 허름한 버스가.

서두를 것 없다. 일단 숙소부터 잡고 방법을 모색하자고 생각하고 근처의 한 초대소로 들어갔다. 다인실이 18위안이라고 쓰여 있기에 방이 있는지 물었더니, 다인실은 빈자리가 없다며 더 비싼 방을 권했다. 이렇게 텅텅 비었는데 이게 무슨 말인지. 리셉션에 알리행 버스가 얼마냐고 물었더니 800위안이라고 했다. 리셉션 남자는 700위안까지 해줄 수도 있다며 선심 쓰듯 말했다. 이 사람들 돈독이 오른 게 분명하다. 다들 한패인 게 분명하다. 속는 걸 뻔히 알면서 값을 두 배나 주고 갈 수는 없다.

'외국 여행자가 너희들 봉이냐. 나쁜 놈들.'

도둑놈 소굴인 이곳을 벗어날 방법을 모색해 보기로 하고, 남편과 나는 무거운 배낭을 멘 채 2번 버스가 왔던 길을 되짚어 걸었다. 얼마나 걸어야 다른 초대소가 나올지 알지도 못한 채 걸었지만, 두렵지 않았다. 얼마나 걸었을까. 불이 환히 켜진 어느 초대소를 발견했다. 리셉션에 있는 친절한 주인아주머니는 2인실에 40위안이라고 말했다. 숙소 아주머니에게 알리행 버스가 얼마인지 묻자, 아주머니는 놀랍게도 한 사람당 400위안이라고 대답했다.

숙소에 짐을 풀고, 우선 근처의 허름한 식당에 가서 밥을 먹었다. 위시앙로스魚香肉絲라는 피망과 돼지고기를 잘게 썰어 넣어 볶은 것과 밥, 그리고 뜨거운 차. 느끼한 중국 음식이었지만, 이슬람 국가를 돌며 맛보지 못했던 돼지고기를 먹을 수 있다는 것에 위안을 삼으며, 우리는 내일 날이 밝으면 다른 방법을 모색하자고 말했다. 어차피 우리는 급할 것 없는 배낭여행자이고, 서두른다고 일이 해결되는 게 아니라는 것을 여행을 통해 배웠으니까.

story # 05

트럭기사
허 량 아저씨
예청 Yecheng

    어제 분명 알리행 버스는 오늘 아침 7시에 출발한다고 했는데, 아침 10시에 가보니 버스는 텅 빈 채 그대로 서 있었다. 짐이 산처럼 쌓여 있어야 할 버스 지붕도 손님이 없는지 텅 비어 있었다. 어제는 저녁때 도착해서 정식 매표소가 문을 닫아 표 값이 비쌌을지 모른다며, 매표소를 찾았으나 문이 잠겨 있었다. 어제 마작을 하던 그 일당 중 한 남자가 매표소 직원에게 전화했다며 기다리라는 몸짓을 하기에 아침 먹고 오겠다고 말하고 식당으로 들어갔다.

    중국 사람들은 아침 식사로 따끈따끈한 만두와 흰죽을 먹는다. 흰죽은 아침에 먹기에 부담이 없어 내가 좋아하는 것이기도 하다. 그렇게 아침 식사를 하고 있을 때, 한 중년의 남자가 식당 문을 열고 들어와 우리에게 '알리?' 라고 물었다. 우리가 고개를 끄덕이자 남자는 자연스럽게 남편의 옆자리에 앉으며, 자신은 트럭 기사이고 어제 저녁 우리를 보았다고 말했다. 오늘 오후 5시에 트럭은 알리로 출발하며 두 사람에 500위안이라고 말했다. 역시 사람이 죽으라는 법은 없구나. 이 도둑놈 소굴에서 두 사람에 1,600위안을 주고 알리에 가야하나 고민하고 있던 중에 500위안이라니!

남자는 자신을 '허량'이라고 소개했다. 집은 우루무치烏魯木齊, Urumqi이며 결혼해서 아들이 하나 있다고 했다. 허량 아저씨는 영어를 하나도 못해서 남편과 종이에 한문을 써가며 이야기했다. 허량 아저씨와 오후 4시에 만나기로 하고, 짐을 싸서 체크아웃을 해야 했으므로 일단 숙소로 돌아왔다. 가는 길에 알리행 버스를 지나쳤지만, 버스는 여전히 텅 비어 있었다. 이번에는 제복을 입은 남자가 그 일당과 서 있었다. 혹시나 하는 생각에 제복을 입은 남자에게 버스비를 물었더니 역시 한 사람당 800위안이라고 했다. 역시 한패구나. 버스가 아니어도 우리는 알리에 갈 수 있다는 생각에 뿌듯했다.

오후 4시. 허량 아저씨를 만나러 아침을 먹었던 그 식당으로 갔다. 알리행 버스는 '今日'이라는 팻말을 붙이고, 여전히 텅 빈 채 서 있었다. 손님은 없고, 운전기사는 버스 안에서 노닥거리고 있었다. 다급해졌는지 어제의 일당이 식당으로 우리를 쫓아와 400위안에 해주겠다고 말했다. 출발해야 하는데 손님이 없어 아직 못하는 모양이다. 아침까지 800위안이던 것이 오후가 되니 반으로 깎이다니. '너희 같은 놈들의 버스는 안 탄다. 우리는 트럭을 타고 알리에 갈 거다.'라고 말해주고 싶었지만, 중국어를 못하는 탓에 '뿌야오(싫어요).'라는 짧고 단호한 한 마디를 던졌다. 우리는 트럭기사 허량 아저씨 덕에 의기양양해져서 그들의 제안을 거절했다.

　허량 아저씨의 트럭 안은 생각보다 넓었다. 앞자리엔 아저씨와 조수로 보이는 위구르인 청년 모하메드가 앉았다. 그리고 운전석 뒤에는 한 사람이 충분히 누울 수 있는 공간이 있었다. 그 공간은 1, 2층으로 나뉘어 있어서 2명이 충분히 잘 수 있게 되어 있었다. 아래쪽에 우리가 앉고, 위쪽에 우리의 짐을 놓았다. 드디어 트럭은 해가 뉘엿뉘엿 질 무렵 출발하기 시작했다.

　허량 아지씨의 조수 모하메드가 우리에게 '앗살람 왈레이쿰.' 이라고 인사했다. 우리는 합창하듯 '왈레이쿰 앗살람.' 이라고 인사했다. 모하메드가 우리의 인사에 신기한지 눈을 크게 뜨며, 어떻게 그 인사법을 아느냐고 묻는 듯해서 '우리는 이란, 파키스탄을 다녀와서 이슬람의 그 인사법을 알아.' 라고 말해 주었다.

story # 06

느려터진 트럭과 고산병

알리 가는 길, 4박 5일간의 트럭 여행 Ali

예청에서 알리까지는 1,060km이다. 쭉 뻗은 고속도로라면 하루 안에도 갈 수 있는 거리지만, 알리까지 이어지는 이 길은 비포장도로인데다 절벽을 깎아 만든 구불구불한 산길이 포함되어 있다. 게다가 엄청난 짐을 실은 트럭이 그 길을 달리는 것이다. 처음 트럭 기사 허량 아저씨는 알리까지 2박 3일이 걸린다고 말했지만 트럭은 지독히 느렸다. 허량 아저씨는 출발한 지 얼마 지나지 않아 타이어 두 개에 문제가 있다며 시속 10km로 달렸다. 비포장도로를 그렇게 하염없이 10km의 시속으로 달렸다.

알리나 라싸(拉薩, Lasa)까지 그렇게 짐을 실어 나르는 트럭들 때문인지, 척박한 이 땅에도 곳곳에 초대소가 있었고 허름한 식당이 있었다. 티베트의 황량한 이곳까지 한족들이 들어와 살고 있었다. 식당에서는 주로 양고기가 들어간 요리를 먹을 수 있었다. 냉장고가 따로 없기 때문에 그들은 주로 고기를 상온에 매달아 두었다가 손님이 오면 쓱쓱 썰어서 요리를 만들어 주곤 했다. 고도가 높아서 고기가 잘 상하지 않는 것 같았다.

둘째 날 남편이 두통을 호소했다. 허량 아저씨에게 물으니 해발 4,300m를 지나고 있다고 말했다. 남편의 증상은 고산증인 것 같았다. 예청–알리 구간은 구불구불 굽이진 위험한 길은 별로 없었지만, 빨래판 같이 우툴두툴한 비포장도로를 끊임없이 달려야 했다. 온몸을 흔들어대는 끝없는 덜컹거림은 두통을 악화시켰고, 졸음을 쫓기 위해 중국어 만담을 큰 소리로 틀어놓는 허량 아저씨 때문에 우리는 점점 말수가 줄었다. 공기가 희박해서 숨쉬기도 힘든 상황에서 우리를 더 힘들게 한 것은 트럭 운전기사 허량 아저씨가 20분마다 피워대는 담배였다. 아저씨가 다 피울 때쯤이면 조수 모하메드가 담배를 입에 물었다. 매너도 없이 허량 아저씨는 바깥 날씨가 춥다며 창문도 열지 않고 담배를 피워댔다. 우리는 뒷좌석 옆에 있는 창문을 조금 열고 산소가 부족한 어항의 붕어들이 물 표면으로 입을 빠끔거리듯 창문에 입을 바짝 대고, 차고 맑은 공기를 들이마셨다. 다음날은 해발 6,700m를 넘는다고 허량 아저씨가 말했다.

고산증 때문에 기운이 없는 우리는 경악했고, 어서 이 트럭 여행이 끝나기를 바랐다.

운전석 뒷자리는 한 사람이 누울 수 있는 공간이 있었지만, 둘이 누워 가기는 힘들었다. 게다가 키가 큰 남편은 지붕에 머리가 닿아 허리를 쭉 펴고 앉을 수도 없었다. 남편은 키가 작은 나를 부러워했다. 나는 어떤 곳에서든 내 나름의 편한 자세를 찾는 아주 편리한 습관이 있었다.

둘째 날 새벽 한 시. 360km 지점에 있는 초대소에 도착했다. 초대소 건물은 금방 무너질 듯 허름했다. 판자로 막아놓은 엉성한 벽이 있었고, 수용소처럼 1인용 침대들이 나란히 놓여 있었다. 방이라는 것이 따로 있는 것이 아니라 10여 개의 침대가 한 공간에 나란히 놓여 있었으므로, 아무 침대나 차지하고 누워 잠을 청하면 되었다. 그리고 초대소는 난방 장치가 따로 없어서 무척 추웠다. 그나마 다행인 건 중국인들은 항상 보온병에 뜨거운 물을 담아 놓는데, 그 물로 차를 마시거나 세수를 할 수 있다는 것이었다.

10월의 티베트는 몹시 추웠다. 낮에는 고도가 높아 그나마 햇볕이 따스했지만, 밤에는 오들오들 떨기 일쑤였다. 냉동 칸에 있어도 이렇게 추울 것 같지는 않았다. 남편과 나는 너무 추워서 점퍼를 입은 채 체온을 빼앗기지 않기 위해 잔뜩 웅크리고 잤다. 언제쯤 알리에 도착할 수 있을까.

예청에서 알리까지 이르는 1,060km 구간에서 600km쯤 왔을 때 갑작스레 호수가 나타났다. 트럭 여행을 시작한 지 3일째 되는 날이었고 밤이어서 호수의 규모나 물빛은 알 수 없었지만, 고지대에 위치한 호수는 달빛을 받아 반짝였다. 잔잔한 호수 바로 옆에 길이 있어 트럭은 천천히 그 옆을 지나쳤다.

고산병으로 두통과 무기력증에 시달리며 트럭 안에서 내내 잠만 자던 우리도 호수를 바라보던 순간만큼은 두통을 잊을 수 있었다. 이렇게 고지대에 있는 호수는 얼마나 맑고 차가울까? 새벽 2시쯤엔 두 번째 호수가 나타났고, 허량 아저씨는 한 초대소 앞에서 트럭을 멈췄다. 우리는 너무나 기운이 없어 가까스로 트럭에서 내려 초대소 안으로 들어섰다. 이곳은 해발 6,300m라고 허량 아저씨가 말해 주었다.

이런 고지대에 위치한 허름한 판자촌 초대소에도 텔레비전이 있고, 그 앞에는 꾀죄죄한 중국 남자들이 모여 앉아 중국 무협 드라마를 보고 있었다. 그들도 허량 아저씨처럼 트럭을 운전하는 사람들인 것 같았다. 초대소의 허름한 침대에 몸을 누이기 전 우리는 초대소 앞에 나와 이를 닦았다. 하늘의 별이 쏟아질 듯 밝고 아름다웠다. 네팔에서 안나푸르나 라운딩을 할 때에도, 라다크Ladak의 샨티 게스트하우스 옥상에서 별을 바라볼 때에도 고도가 이렇게 높지는 않았다. 나는 지금 해발 6,300m에 있는 것이다.

그리고 트럭 여행 4일째 되는 날, 드디어 해발 6,700m 고지를 넘을 수 있었다. 남편은 속이 좋지 않다며 며칠 간 제대로 먹지 못해서 얼굴이 핼쑥해졌다. 4박 5일간의 트럭 여행 중 네 번째 밤에 우리는 트럭에서 잤다. 운전기사 뒷자리는 한 사람만 누울 수 있는 공간이어서 나는 앉고, 남편이 누웠다. 남편은 열이 심했고, 얼굴이 까칠했다. 나는 가만히 눈을 감았다.

"자?" 남편이 물었다.

"아니, 그냥 눈감고 있어."

"무슨 생각해? 나 때문에 불편하지? 눕지도 못하고."

"아니야. 괜찮아. 난 네가 정말 걱정돼. 내일이면 알리에 도착할 테니까 조금만 힘내."

"응……. 별은 참 밝기도 하네."

"그러게. 별은 참 밝기도 해. 서울에선 저런 별 보기 힘드니까 많이 봐둬."

"응……."

식당에서 얻은 뜨거운 물을 생수병에 넣어 품고 자면 그 작은 난로가 배를 따뜻하게 해주어 쉽게 잠이 왔다. 품 안의 작은 난로가 식어가는 걸 느끼며 트럭의 창문 너머로 별을 바라보다가 잠이 들었다.

story # 07

세상에서 가장
높은 화장실

알리 가는 길, 4박 5일간의 트럭 여행 Ali

트럭이 달리던 중 화장실이 가고 싶어지면 우리는 허량 아저씨에게 '츠어소'를 외쳤다. 아저씨가 황량한 도로변에 트럭을 세워주면 남편과 나는 적당한 장소를 찾아 걸었다. 큰 바위 더미라도 있으면 몸을 숨기고 볼 일을 볼 텐데 아무것도 없는 고원에서는 여간 난감한 게 아니다. 남자들이야 등을 돌리고 서서 볼 일을 본다지만, 여자인 나는 어떻게 할 수가 없었다. 그럴 땐 남편은 나를 위해 침낭을 펼쳐 가려주었다. 내가 큰 것을 처리할 때조차도.

"냄새 많이 나?"

냄새 때문에 미안해져서 내가 물었다.

"아니, 코 막고 있어. 괜찮아. 천천히 눠."

나는 남편 덕분에 편안히 티베트 고원에서 큰일을 치렀고, 멋쩍어서 웃었다. 세상에서 가장 하늘과 가까운 화장실. 티베트 고원에서 불어오는 바람이 내 엉덩이를 훑고 지나갔다. 그리고 내 입속에서 맴도는 말.

'내 곁에 네가 있어서 얼마나 고마운지 몰라. 이 순간 세상에서 나보다 행복한 사람은 없을 거야……'

여기까지 오면서 알리행 버스가 지나가는 것을 두 번 보았다. 이틀에 한 번씩은 출발하는 것 같았다. 버스가 우리의 트럭을 추월해 흙먼지를 일으키며 저 멀리 사라지는 걸 보면서 우리는 부러움을 감추지 못했다. 그래도 선택에 후회는 없다. 여행이 끝나면 우리는 두고두고 이 힘든 여정에 대해 즐겁게 추억할 테니까. 시간이 덧대어지면 지금 이렇게나 힘들고 짜증나는 허량 아저씨의 담배 연기, 고통스러운 두통과 추위도 아스라한 추억이 되어 있을 테니까. 시간이란 추억을 미화시키는 힘이 있으니까.

그렇게 우리는 알리에 도착했다. 그리고 우리가 그렇게나 가고 싶어 하는 티베트의 신성한 산 카일라스 Kailas mountain 역시 알리에서 멀지 않았다.

story # 08

티베트의
슬 픈 현 실
알리 가는 길, 4박 5일간의 트럭 여행 Ali

예청에서 알리에 이르는 1,060km 구간 중 930km쯤 왔을 때 루톡^{日土, Rutok}이라는 마을에 점심을 먹기 위해 들렀다. 마을은 네모반듯하고 마을을 가로지르는 넓은 도로 옆에는 수많은 당구대가 설치되어 있었다. 그동안 허름한 초대소만 지나왔던 우리는 이 마을에서 놀라움을 감출 수가 없었다.

이곳도 티베트일텐데, 저 수많은 한족의 상점과 당구대는 도대체 무엇일까. 한족들의 상점 간판에는 커다랗게 한문이 쓰여 있었고 그 위에 작게 티베트어가 쓰여 있었다. 티베트 임시 정부가 있는 인도의 [20]맥그로드 간즈^{McLeod Ganj}에서 보았던 티베트인들은 이곳에 없었다. 단지 한 달쯤 씻지 않은 듯 지저분하고 남루한 옷차림의 티베트인들이 거리를 어슬렁거리고 있었을 뿐이다.

---

[20] 맥그로드 간즈(McLeod Ganj)는 인도 북서부 다람살라(Dharamshala) 시에 위치한 고산 지대의 마을이다. 6,000여 명의 티베트인들이 모여 티베트 문화를 이루고 있다. 달라이라마(Dalai-Lama)를 따르는 300여 명의 스님이 수행하고 있는 남걀(Namgyal) 사원이 있다.

허량 아저씨는 수선집을 하는 친구네로 우리를 안내했고, 아저씨의 친구는 우리에게 뜨거운 차와 죽, 만토Manto(만두)를 주었다. 고산병 때문에 속이 좋지 않은 남편은 길거리에서 산 사과로 식사를 대신했고, 나는 허기를 채우기 위해 사양도 않고 정신없이 먹었다.

식사를 마치고, 허량 아저씨가 수선집을 하는 친구와 이야기를 나누는 사이, 우리는 길거리의 당구대 옆에 앉아 사과를 먹으며 멍하니 당구를 치는 티베트인들을 바라보았다. 정희재의 『나는 그곳에서 사랑을 배웠다』라는 티베트 여행기에 보면 중국 정부에서 티베트인들을 무기력하게 만들기 위해 당구대를 설치했다고 한다. 저 당구대도 허량 아저씨 같은 트럭 운전사에 의해 이곳까지 실려 왔겠지.

story # 09

드디어
알리에 도착하다
알리 가는 길, 4박 5일간의 트럭 여행 Ali

트럭 여행 5일째 되는 밤에 드디어 알리에 도착했다. 알리에 도착했다는, 4박 5일간의 지루한 트럭 여행이 끝났음에 즐거워할 겨를도 없이 알리 초입에 서 있는 공안차를 보고 우리 모두는 가슴이 철렁 내려앉았다. 허량 아저씨는 재빨리 우리에게 침낭을 뒤집어쓰고 조용히 누워 있으라고 말했고, 우리가 침낭 속에서 숨소리도 내지 않는 사이 트럭은 공안차 앞에 멈춰 섰다. 허량 아저씨는 태연히 차창을 열고 공안과 몇 마디를 주고받는 듯했지만, 허가증 없이 티베트에 들어온 우리는 숨죽여 그 순간이 어서 지나가기를 기도했다. 다행히 공안이 운전석 쪽을 검색하지는 않았지만, 트럭의 화물이 초과량이라고 트집을 잡는 것 같았다. 허가증이 없는 우리는 유리창 밖으로 이 광경을 보지도 못하고 뒤집어쓴 침낭 속에서 아저씨가 공안과 주고받는 어투에서 상황을 짐작할 뿐이었다. 결국 아저씨가 100위안을 공안에게 주어 그 일을 무마시켰다.

이리저리 공안에게 뜯기고 비포장도로 때문에 수 없이 타이어를 갈고 나면 아저씨는 이 힘든 운전으로 얼마를 벌게 될까? 그래서 부수입으로 예청에서 외국인들을 태워 알리로 오는 것일까?

가로등이 환한 알리를 보고 허량 아저씨는 '피요량(예쁘다).'이라고 말했다. 그러나 이곳에서도 티베트의 존재는 없었다. 중국에 의해 개발되고, 한족들이 들어와 장사를 하는 해발 4,300m인 중국의 한 소도시가

있을 뿐이다. 개발된 덕에 우리는 인터넷을 하고, 오랜만에 패스트푸드를 즐길 수 있었지만, 그것이 우리가 알리에 온 이유는 아니다.

허량 아저씨는 방음은 안 되지만 바가지요금 없이 깨끗한 숙소를 소개해주고, 대신 체크인까지 해주었다. 샤워실이 없는 숙소에서 난감해하다가, 아저씨 덕분에 공중목욕탕에서 10위안이면 뜨거운 물로 실컷 목욕을 할 수 있다는 것도 알게 되었다. 거의 일주일 만에 원 없이 목욕을 하게된 우리는 오래도록 씻었다. 4박 5일간의 트럭 여행으로 인한 모래먼지와 담배 냄새, 그리고 피로를 씻으려는 듯.

목욕을 마치고 공중목욕탕 입구에서 다시 만난 허량 아저씨는 우리가 너무 깨끗해졌다면서 마구 웃었다. 아저씨는 '진숭치, 호(好, 좋다)~ 호~.' 라고 말했다. 진숭치는 내 남편 김웅기의 한자 이름을 아저씨가 그렇게 발음하는 것이었고, 호(好)는 좋다는 뜻이다. 우리도 '따끄어(큰형), 호~.' 라고 대답하며 웃었다. 그동안 우리는 허량 아저씨를 '따끄어(큰형)' 라고 불러왔다. 드디어 알리에 도착했다. 이제 두 다리 쭉 뻗고 잘 수 있다.

story # 10

위구르 청년
모하메드

알라 사는 길 4박 5일간의 트럭 여행 A시

    모하메드Mohammed는 허량 아저씨의 조수이다. 집은 카슈가르이며 이슬람을 믿고 위구르어를 쓰지만, 열심히 중국어를 배우고 있는지 한족인 허량 아저씨와 의사소통하는 데 문제는 없는 것 같았다. 나이는 어리지만 콧수염을 길렀고, 키가 크고 긍정적인 청년이었다. 다혈질인 허량 아저씨가 불같이 화를 낼 때에도 모하메드는 묵묵히 그의 옆에서 일을 거들었다.

    모하메드가 허량 아저씨 대신 운전을 하는 일은 없었지만, 툭하면 타이어를 교체해야 하는 허량 아저씨에게 그는 없어서는 안 될 존재였다.

알리로 향하던 트럭이 늦은 밤 허름한 초대소 앞에 멈춰 섰을 때, 우리가 피곤한 몸을 이끌고 초대소 침대에 쓰러지듯 몸을 누일 때에도 모하메드는 혼자 트럭 안에서 잤다. 시동이 꺼진 트럭 안은 몹시 추울 텐데도 그는 불평 한마디 없이 트럭을 지켰다.

예청을 출발한 트럭이 둘째 날 검문소를 지날 때, 허량 아저씨는 검문소 한참 전에 모하메드를 내려놓고 검문소를 통과했다. 여권이 있는 우리는 상관없지만, 모하메드는 합법적으로 그곳을 통과할 수 없었던 모양이다. 트럭이 검문소를 통과하고, 검문소가 시야에서 사라질 즈음 허량 아저씨는 차를 멈추고 모하메드를 기다렸다. 검문소 뒤에 있는 야트막한 산을 넘어서 왔는지 모하메드는 무사히 트럭으로 달려왔다. 그의 얇은 밑창의 단화가 먼지투성이가 되었고 젖어 있었다.

고산병으로 두통에 시달리고 기운이 없어서, 우리가 운전하는 허량 아저씨 뒤에서 누워만 있을 때에도 그는 종종 우리를 돌아보며 괜찮은지 물었다. 조금씩 친해지자 그는 지갑 안에서 가족과 여자 친구 사진을 꺼내 보여주기도 했다. 4박 5일 만에 알리에 도착했을 때는, 모하메드와 친해져서 그는 우리가 머물고 있는 숙소로 종종 놀러 오기도 했다. 말이 잘 통하는 것은 아니지만, 우리는 서로 무슨 말을 하고 싶은 건지 잘 이해할 수 있었다.

한 번은 내가 남편에게 '옷 갈아입게 모하메드랑 잠깐 나가 있어줘.'라고 말한 것을 모하메드가 '오, 가라오케?'라고 말해서 웃은 적도 있었다. 카슈가르에서 가라오케에 가본 적이 있는지 모하메드는 노래를 흥얼거리기 시작했다. 그리고 그는 카슈가르에 있는 자기 집으로 가자고 말했다. 자신의 가족이 우리를 좋아할 거라면서, 그리고 가라오케도 같이 가자고 했다.

'그 고생을 하며 여기까지 왔는데, 다시 카슈가르로 가자고? 모하메드, 제발.'

story # 11

제과점에서
빈 부 격 차를 보다
알리 Ali

　허량 아저씨가 소개해준 숙소는 더블룸에 50위안이었다. 공용 샤워실조차 없지만 비교적 깔끔해서 우리는 카일라스Kailas 트레킹을 위해 다르첸Darchen에 가기 전 며칠 간 이곳에 머물렀다.

　알리에는 군용품을 파는 가게가 몇 곳 있었다. 우리는 카일라스 트레킹을 대비해 50위안에 털모자 2개를 샀고 15위안에 남편의 내복을 샀다. 저녁에 허량 아저씨와 모하메드가 숙소로 찾아와 이야기를 나누기도 했다. 아저씨는 우리가 50위안에 털모자 2개를 샀다고 하니 혀를 끌끌 차며 너무 비싸게 줬다고 말했다. 아저씨는 며칠 있으면 트럭을 가지고 다시 예청을 거쳐 우루무치로 간다고 말했다. 조수 모하메드도 함께. 우리는 중국어를 못하지만, 며칠 간 함께하며 허량 아저씨와 대화하는 데 아무 불편함을 느끼지 못하게 되었다. 우리의 엉터리 성조 중국어를 아저씨는 다 이해했고, 우리도 아저씨의 중국어가 잘 이해 되었다.

　다르첸에 가는 버스를 타기 전날엔 사탕을 잔뜩 사서 허량 아저씨에게 선물했다.

　"따끄어(큰형)~, 담배 너무 많이 피지 마세요. 건강에 안 좋아요. 대신 사탕 많이 먹어요."

알리는 작은 도시지만 없는 게 없었다. 세탁소부터 화장품 가게, 지오다노, 웨딩사진 스튜디오, 게임방, 인쇄소 등……. 알리에는 인더스강 Indus River을 가로지르는 다리가 있는데 아침이면 마스크를 하고 삽을 든 일용직 일꾼들이 자신들을 실어갈 트럭을 기다리는 모습을 종종 볼 수 있었다. 그 중에는 티베트 전통 의상을 입은 여인들도 종종 눈에 띄었다. 그런 일거리라도 없는 날이면 그들은 하염없이 길에 앉아 있었다.

우리가 머물고 있는 숙소 근처에는 Happy Time이라는 제과점 겸 패스트푸드점이 있었다. 제과점 점원은 빨간 립스틱을 짙게 바른 젊은 한족 여성이었다. 느끼한 중국 음식에 지친 우리는 그곳에서 햄버거와 감자튀김을 먹고 있었다. 한 티베트인 여인이 딸아이인 듯한 어린 여자아이와 제과점에 들어왔다. 제과점 한쪽의 유리 장식장 안에 가득한 핑크, 연두, 흰색의 케이크들을 물끄러미 바라보다가 티베트인 여인은 값을 물어보았다.

제일 위쪽의 작은 케이크들은 20위안, 그 다음 중간 크기는 50에서 60위안, 제일 아래쪽의 3단 케이크, 4단 케이크들은 250위안 이상이다. 티베트인 여인은 잠시 고민하더니 30위안에 중간 크기의 케이크를 달라고 말했다가 거절당했다. 그녀는 딸아이를 데리고 말없이 제과점을 나갔다.

잠시 후 공안차 한 대가 제과점 앞에 멈춰 섰다. 운전석에 앉은 남자는 제과점의 열린 문 사이로 점원 아가씨를 불렀다. 자기가 내려서 주면 될 것을 거만하게 차 안에 앉아서 점원 아가씨를 불러내는 것이 마음에 들지 않았다. 뒷좌석에는 어린 아이와 부인으로 보이는 여자가 앉아 있었다. 점원 아가씨가 나가서 무엇인가를 받아오는 게 보였다. 그것은 3단 케이크를 먹고 남은 껍데기였다. 한족 공안과 티베트인의 빈부격차를 우리는 그 작은 제과점에서 보았다.

저 공안도 허량 아저씨 같은 사람들에게서 받은 뒷돈으로 저 케이크를 자기 아이에게 사준 것일까? 그 티베트인 여인은 딸아이 생일에 얼마나 저 케이크를 사주고 싶었을까? 햄버거를 먹다 말고 남편이 말했다.

"사실, 아까 그 티베트 아이에게 케이크 사주고 싶었어."

"나도 그 생각했는데……."

잠시 동안 우리 둘은 말이 없었다.

혼자, 그리고 함께한 90일간의
아시아 여행기

Story # 12

가슴이 저린
이 유 는
다르첸 Darchen

    알리에서 카일라스 트레킹의 출발 지점이 되는 다르첸까지는 320km 거리이다. 버스로도 여섯 시간 정도 걸리는 그 길을 처음 한 시간은 아스팔트가 깔려 있어 신나게 달렸지만, 그 이후에는 비포장도로가 계속됐다. 그러나 도로포장 공사가 한창 진행 중인 것을 보면 곧 고속도로가 뚫릴 것이다.

    처음 다르첸에 도착했을 때, 나는 실망스러움을 감출 수 없었다. 한창 게스트하우스를 짓는 공사장과 한편에 가득한 쓰레기들. 또한 곳곳에 당구대가 생뚱맞게 놓여있는 풍경. 그리고 수많은 거리의 개들. 개들은 저희끼리 짝짓기를 했는지 생김새가 비슷비슷했다. 야크 떼가 풀을 뜯고, 붉은 승복을 입은 티베탄Tibetan 승려들과 양털 코트를 입고 앞치마를 두른 여인들이 물을 긷는 모습을 상상했던 내 눈에 빨간색 중국어 간판과 공안차가 보였다. 이곳도 이제 티베트가 아닌 것일까? 저녁을 먹기 위해 들어간 티베트 식당에서도 뚝빠Thugpa(티베트식 칼국수)나 덴뚝^{Thentuk}(티베트식 수제비)이 아닌 중국식 국수를 팔고 있었다. 인도의 맥그로드 간즈에 있는 티베트 식당에서 먹었던 음식을 이곳에서는 오히려 찾기가 힘들었다.

 다르첸에 도착한 첫날은 카일라스 코라^{Kora}(순례)가 시작되는 지점에 있는 곰파^{Gompa}(사원)에 가서 하룻밤을 청했다. 도미토리는 한 사람당 25위안이었고, 전기도 들어오지 않는 열악한 시설에 몹시 추웠다. 이곳에는 티베트인 노부부와 중국어를 할 줄 아는 10대로 보이는 어린 딸이 같이 살고 있었다. 리셉션과 거실을 겸한 공간에는 말린 야크 똥을 넣어 열을 내는 난로가 있었고, 그 위에 물주전자가 끓고 있다. 한동안 씻지 않은 것 같은 모습의 티베트인들이 우리에게 야크 버터 티를 한 잔 주었다. 사골 국물을 연상시키는 색깔의 야크 버터 티. 추울 때 뱃속을 따뜻하게 해주는 고마운 차이지만, 한 잔 이상은 느끼해서 마시기 힘든 차였다.

그런데 놀랍게도 이 곰파의 티베트 여주인은 핸드폰을 가지고 있었다. 문명의 대표적 물건인 핸드폰과 컴퓨터. 문명에 익숙한 나이지만, 카일라스를 앞에 두고 핸드폰이라니. 나는 괜히 슬퍼졌다. 이들이 핸드폰을 쓰지 말라는 법은 그 어디에도 없지만, 성스러운 산 카일라스에 기지국이 세워진 모습을 상상하니 괜히 가슴 한구석이 저려 왔다.

'어쭙잖은 이방인의 환상인 걸까?'

밤에 화장실에 가고 싶어 밖으로 나갔다. 따로 화장실이 있는 게 아니어서, 어둠 속을 더듬어 걸어 나가 적당한 곳에 자리를 잡고 쭈그리고 앉았다. 춥다. 코끝까지 알싸해진다. 나는 이곳의 발전과 변화가 슬퍼진다. 그러나 저 하늘의 별만큼은 쏟아질 듯 반짝이고 있었다.

story # 13
티베탄 가족
순례단

카일라스 트레킹 첫째 날 Kailas

힌두교Hinduism인들과 티베트인들에게 신성한 산으로 알려진 카일라스는 티베트 서쪽에 위치해 있다. 티베트인들에게는 평생에 한 번 카일라스 코라를 도는 것이 소원이라고 한다. 죽은 이의 유품을 카일라스에 갖다 놓으면 죽은 이의 업보가 사라진다고 티베트인들은 믿고 있다. 이 신성한 산은 여름이면 돈 많은 인도인이 단체로 몰려오고, 이제는 여행객들도 우르르 몰려오고 있다. 론리플래닛 티베트 편에는 이 트레킹이 10월 중순까지 가능하다고 적혀 있었다. 그 이후에는 눈이 오고 날씨가 너무 추워서 힘들다는 것이다. 우리가 트레킹을 시작한 것은 10월 17일. 그래서인지 여행자가 별로 보이지 않았다.

　　카일라스 트레킹을 하게 된 것은 업을 정화하고픈 종교적 의미가 있어서라기보다는, 오지에 속하는 이곳에서 진정한 티베트를 느끼고 싶은 욕구 때문이었다. 공기가 희박해 숨쉬기도 힘든 그곳을 온전히 내 두 다리로 한 걸음, 한 걸음 내디딜 때마다, 거친 숨을 내쉬며 터질 것 같은 심장을 움켜쥐면서도 '나는 왜 이런 고생을 사서하고 있을까?' 라는 생각보다는 살아있음에 대한 감사가 밀려왔다. 저 웅장한 설산 아래 나는 한낱 미물에 불과하다는 사실이 확연해졌을 때 '왜 그리 물질에 얽매어 아등바등 살았을까.' 라는 자책이 밀려왔다.

　　카일라스 주변의 코라를 한 바퀴 도는 이 트레킹 첫날은 여덟 시간이 걸렸다. 트레킹이 시작되는 지점에는 글이 새겨진 납작한 돌 수십 개가 쌓여 있고, 야크의 뿔도 얹혀 있었다. 이러한 단을 '마댱'이라 부르는데, 죽은 사람이 좋은 곳에 태어나기를 바라는 의미라고 한다. 의미는 알 수 없지만 돌에 새겨진 티베트어들을 바라보며, 그 속에 담긴 수많은 염원 앞에 마음이 겸허해짐을 느낄 수 있었다. 배낭의 어깨끈을 다잡고 길을 재촉했다. 길은 심하게 가파르지 않아 걷기 수월했지만, 고도가 높아 천천히 걸어야 했다. 가는 길에는 [21]타르촉Tarchog이라는 오색 사각 헝겊들이 나무 기둥을 중심으로 어지러이 둘러쳐져 바람에 펄럭이고 있었다.

[21] 타르촉(Tarchog)은 타르쵸라고도 한다. 경문을 박은 청, 백, 홍, 녹, 황색의 오색 사각 헝겊으로 저마다 하늘, 바람, 물, 불, 땅을 의미한다.

    한참 걷다가 추쿠 모나스트리^{Chuku Monastery} 근처에 있는 유목민 텐트를 발견했다. 우리 같은 여행자들이 잠시 쉬며 차를 마실 수 있는 그 텐트는 밖에서 볼 때보다 내부가 넓었고, 바람을 막아주어 제법 훈훈했다. 야크 버터티를 시켜놓고 쉬고 있을 때, 한 티베트인 가족이 들어왔다. 그들은 40대 중반으로 보이는 부부와 어린 딸이었다. 가족은 모두 강한 햇살과 바람 때문에 볼이 빨갛게 터져 있었다. 그들은 남루한 배낭에서 곡식 가루를 꺼내더니, 그것에 물을 섞어 반죽한 후 먹고 있었다. 그 모습이 신기해 그것이 무엇인지 물으니 '짬빠^{Rtsam-pa}'라고 대답했다. 정희재의 티베트 순례기 『나는 그곳에서 사랑을 배웠다』를 여러 번 읽어서 익히 알고 있던 '짬빠'라는 단어가 내 가슴에 와서 박혔다. 티베트인 가족이 내게도 먹겠느냐고 권해서 나는 고맙다고 말하고 받아먹었다. 처음 먹어 보는 맛이었는데 고소했다. 보릿가루의 일종이라는데 색은 누렇고 입자는 거칠었다.

짬빠에 대한 답례 차원으로 그 가족의 어린 딸에게 비상식량으로 가져온 초코파이를 주었다. 카슈가르에서 산 초코파이는 고도가 높아서 그런 건지 포장지가 한껏 부풀어 올라 모양새가 우스웠다. 티베탄 가족 순례단이 먼저 일어섰고, 우리도 곧 출발했다.

그 가족 순례단은 엄마와 아빠가 번갈아가며 어린 딸아이를 업고 나란히 걸었다. 너무도 아름다웠다. 나는 내 작은 배낭도 버거워서 이렇게 가다 쉬다를 반복하고 있는데……. 우리는 자꾸만 속도가 뒤처져서 이만큼 멀어졌고, 앞서 걷고 있는 가족 순례단은 점점 아주 작게 보였다.

그렇게 여덟 시간이 걸려 디라푹 모나스트리Dira-puk Monastery 근처의 유목민 텐트에 도착했다. 부부가 운영하는 곳으로 하룻밤 자는 데 한 사람당 30위안을 부른다. 형편없는 시설에 비하면 너무 비쌌지만, 여기서는 선택의 여지가 없다.

밤에 화장실이 가고 싶어 텐트 밖으로 나오면 별이 쏟아질 듯 아름다웠다. 내가 우주의 한가운데에 서 있는 듯한 느낌이었다. 유목민 텐트 중앙에는 말린 야크 똥을 넣어 열을 내는 난로가 있었지만, 밤에 잘 때는 난로가 꺼져 얼어붙을 듯 추웠다. 너무 추워서 잠도 제대로 못 이루고 몸을 덜덜 떨었다. 점퍼를 입고 침낭 속으로 들어갔는데도 너무 추웠다.

문득 오던 길에 만났던 티베트인 가족 순례단이 떠올랐다. '그들은 이 추위에 잘 자고 있을까?' 어린 딸아이는 엄마아빠 사이에서 자고 있겠지. 딸아이에 대한 부부의 사랑이 극진해서 마음이 짠했는데……. 얼른 아침이 와서 따뜻한 햇볕이 내리쬐었으면…….

얼어붙을 듯한 이 추위도 아침이 오면 끝날 걸 알기에 견딜 수 있다.

그들은 이 추위에 잘 자고 있을까?
어린 딸아이는 엄마아빠 사이에서 자고 있겠지.
얼른 아침이 와서 따뜻한 햇볕이 내리쬐었으면…….

story # 14

어느
일본인 이야기
카일라스 트레킹 첫째 날 Kailas

    그를 처음 본 건 카일라스 트레킹 첫째 날, 천막에서 티베트 가족 순례단과 헤어진 후였다. 어린 딸아이를 티베트 부부가 번갈아 업고 걸어가는 뒷모습을 바라보며, 우리도 천천히 그 뒤를 따라 걷고 있었다. 한참 걷다가 우리가 걸어온 길을 뒤돌아보았을 때, 한 젊은 티베트 남자가 빠른 속도로 우리 뒤쪽에서 걸어오는 것이 보였다. 고산지대에 익숙하지 않은 우리가 가쁜 호흡을 고르느라 천천히 걷고 있는 동안, 그는 어느새 우리를 추월해 저만큼 앞서 걸었다. 남루한 자루 같은 것을 양 어깨에 메고, 손에는 나무를 깎아 만든 지팡이를 들고 휘적휘적 걷는 모습에서 우리는 그가 티베트인이라는 것을 조금도 의심하지 않았다.

    한낮에서 오후로 넘어갈수록 바람이 거세게 불기 시작했으므로, 우리의 걷는 속도는 더디기만 했다. 특히 조금 걷다가 다시 쉬며 숨을 고르는 나 때문에 남편은 앞서 걷다가 뒤돌아오기를 반복해야 했다. 티베트 가족 순례단도 젊은 티베트 남자도 모두 우리의 시야에서 사라질 만큼 우리는 뒤처져 있었다. 그렇게 걷다가 해가 뉘엿뉘엿 떨어질 즈음에야 간신히 디라푹 모나스트리 근처의 유목민 텐트에 짐을 풀 수 있었다.

혼자, 그리고 함께한 90일간의
아시아 여행기

저녁이 되니 바람이 심하게 불고 너무 추워서, 우리는 한껏 손을 비비며 말린 야크 똥으로 피운 작은 난로 앞에 쭈그리고 앉았다. 난로 위에는 까맣게 그을린 낡은 주전자 안에서 물이 끓고 있었고, 주인으로 보이는 젊은 티베트 아낙은 저녁을 먹겠느냐고 물었다. 우리는 티베트식 수제비인 덴뚝Thentuk을 먹을 수 있느냐고 물었고, 그녀는 끓여주겠다고 말했다. 그리고 그 난로 앞에서 아까 보았던 젊은 티베트 남자를 다시 보게 되었다.

그는 혼자서 저녁을 만들어 먹을 모양인지, 자루 안에서 작은 버너와 냄비와 라면을 꺼냈다. 그리고 남루한 자루 안에는 그의 배낭이 들어 있었다. 우리가 티베트인이라고 생각했던 그는 일본인 여행자였다. 놀라서 빤히 쳐다보는 우리의 시선을 의식했는지 그는 웃으며 같이 먹겠느냐고 물었다. 이미 저녁식사를 부탁해놓았다고 대답하고서 우리는 그에 대한 호기심을 풀어놓았다. 숨쉬기도 힘든 이 고산지대에서 어떻게 그렇게 빠른 속도로 걸을 수 있는지, 도대체 티베트에는 얼마나 오래 있었기에 복장이나 외모가 현지인처럼 되었는지 등에 대해 묻기 시작했다.

그는 동티베트를 거쳐 라싸로 들어갔고, 라싸에서부터는 트럭을 타고 이동해서 여기까지 오게 되었다고 말했다. 중디엔中甸, Shangri-La이라는 동티베트의 시작이 되는 곳에서 하얀 암컷 말 한 마리를 사서, 그 말을 타고 50일간이나 동티베트를 지나 라싸까지 왔다고 했다. 그 말의 이름은 블랑카였는데, 정들었지만 라싸에 와서 팔수밖에 없었다고 했다. 라싸에서도 현지인 같은 외모 때문에 웬만한 사원은 외국인 요금이 아닌 현지인 요금이나 무료로 들어갈 수 있었다고 말했다. 그리고 중국돈을 환전한 게 바닥나서 이렇게 라면으로 연명하고 있다며 멋쩍게 웃었다.

그의 소설 같은 여행 이야기를 들으며 우리는 연방 고개를 끄덕이고 감탄사를 연발하지 않을 수 없었다. 그리고 은행이 없는 작은 마을들만 거쳐 오느라 환전을 못해서, 라면으로 연명하고 있다는 말에 우리가 갖고 있던 중국돈을 환전해줄 수 있다고 제안했다. 카슈가르에서 넉넉히 환전한 덕분에 우리는 여유분의 위안이 있었다. 그는 이제는 밥을 먹을 수 있게 됐다며 고맙다고 말했다.

세상에는 참 다양한 사람이 있고, 여행 중에 다양한 경험을 하게 되지만, 그 일본 남자는 평생 잊지 못할 여행을 하고 있다는 생각이 들었다. 비록 낯선 장소에서 낯선 여행자로 만났지만, 우리는 이제 그가 밥을 먹을 수 있게 되었다는 사실에 진심으로 기뻤다.

티베트 아낙이 끓여온 덴뚝이 모락모락 김을 피우며 우리 앞에 놓여졌다. 일본 여행자의 흥미진진한 무용담을 듣느라 어느새 추위를 잊어버렸던 우리는 뜨거운 국물을 호호 불어가며 열심히 먹었다. 누추한 천막 안의 풍경도 그때만큼은 훈훈했다.

story # 15

숨 쉬는 것과 자유의
소 중 함

카일라스 트레킹 둘째 날 Kailas

너무 추워서 잠을 제대로 이룰 수 없었던 지난밤은 길고도 길었다. 새벽녘에 간신히 잠이 들었지만, 유목민 천막의 부지런한 티베트인 부부는 이른 아침 일어나 꺼진 난로에 말린 야크 똥을 넣어 불씨를 피웠다. 다시 난로 위의 주전자에서 물이 끓고, 천막 안의 공기가 조금씩 데워졌다. 체온을 빼앗기지 않으려고 몸을 잔뜩 웅크리고 잔 탓에 온몸이 찌뿌드드했다. 텐트 밖으로 나와 한껏 기지개를 켜며 눈앞의 카일라스를 바라보았다. 이른 아침에 마주한 카일라스 북벽의 그 환함이란. 바람도 잠잠하고 햇볕도 따스했다. 그러나 둘째 날은 해발 5,630m인 바위고개라 불리는 뙤마라 Drölma-la 를 넘어야 하는 가장 힘든 여정이 기다리고 있어서 길을 재촉했다.

나는 너무 숨이 차올라서 채 열 걸음도 걷지 못하고 가다 쉬다를 반복해야 했다. 발걸음이 너무 더디고 무거워서 나는 속으로 열까지 세고 멈춰 서서 숨을 헉헉 내쉬었다. 자꾸만 뒤처지는 나 때문에 남편은 나 대신 침낭 두 개를 다 짊어졌고, 조금 걷다가 뒤돌아보고 내가 올 때까지 묵묵히 기다렸다가 다시 출발하곤 했다. 어떤 티베트인은 오체투지로 이 코라

를 돌기도 한다는데, 나는 납덩이보다 무거운 내 육체가 버거워 걷는 것이 고행이었다. 그저 경치를 감상하기 위해 이 트레킹을 시작한 것은 아니었지만, 나는 단순한 여행자일 뿐이었다. 그러나 트레킹 둘째 날부터, 전날 티베탄 가족 순례단을 본 이후부터 나의 마음은 겸허해졌다. 이상하게도 가장 높은 고개를 넘을 때는 하염없이 눈물이 흘렀다.

고갯마루 이곳저곳에 널려있는 죽은 이들의 유품 때문에 눈물이 흘렀던 것인지, 나의 지난 과오들이 생각나서 그랬던 것인지는 나도 알 수 없지만, 길을 걸으면서 눈물이 줄줄 흘렀다. 길을 걷다 뒤를 돌아보면 카일라스가 묵묵히 그곳에 서 있었다. 눈물을 닦으며 나는 생각했다. 지금의 이 눈물과 내 눈앞에 펼쳐진 이 풍경을 평생 잊지 않겠다고. 지금의 이 고통스러운 가쁜 호흡도 잊지 않겠다고. 가슴이 아플 만큼 숨을 쉰다는 것은, 살아있다는 것은 얼마나 경이로운 일인가.

남편과 나는 말없이 그냥 걷기만 했다. 그렇게 해질녘까지 걸었는데도 밤을 지낼 만한 모나스트리Monastery가 나타나지 않았다. 9시간이 넘는 행군으로 발가락에 물집이 잡혔지만, 어두워지고 있었기 때문에 가던 길을 멈출 수가 없었다. 남편이 힘겨워하는 나를 대신해 내 짐을 나눠서 들어줄 수는 있었지만, 걷는 것은 온전히 나의 몫이었다. 해가 지면 빛도 없고, 바람이 맹렬해지기 때문에 조금씩 불안해지기 시작했다. 얼마나 더 걸어야 지친 몸을 누이고 따뜻한 불을 쬘 수 있는 곳이 나올까? 고도가 높은 10월 중순의 카일라스는 해가 짧았다. 해가 저물어가자 곧 남편이 손가락으로 주툴푹松蟒, Zutul-puk 모나스트리를 가리켰다. 저 멀리 작은 사원이 보였고, 그 앞에는 어김없이 오색의 사각 헝겊인 타르촉이 바람에 나부끼고 있었다. 그 순간 얼마나 안심이 되었던지. 그제야 나는 잠시 주저앉아 마음 편히 숨을 고를 수 있었다. 이미 해는 지고 희미한 빛의 잔해만 남아있을 때 우리는 주툴푹 모나스트리에 도착했다.

주툴푹 모나스트리에는 우리 말고도 라싸에서 랜드크루저로 온 독일인 세 명과 티베트인 가이드와 요리사가 있었다. 요리사가 야크고기를 넣은 티베트식 누들 수프를 만드는 동안 우리는 난로 앞에서 몸을 녹이며 난로 위 냄비에서 요리가 익어 가는 것을 지켜보았다. 티베트식 누들 수프는 수제비를 연상시켰다. 따끈한 국물을 호호 불어 마시면 얼마나 좋을까 생각하고 있을 때, 요리사가 우리에게도 한 그릇을 권했다. 맛이 밍밍해서 소금을 더 넣었더니 아주 맛이 좋았다. 우리가 맛있게 먹는 동안, 독일인 세 명은 입맛에 맞지 않는지 조금 먹다 말았다. 그리고는 가방에서 비상식량으로 가져왔는지 쿠키를 꺼내 먹기 시작했다. 나는 뜨끈한 국물이 너무 좋아 한 그릇 더 청해서 먹었다.

식사를 마치고 티베트인 가이드와 대화를 하게 되었는데, 젊은 티베트인들은 여권을 만들 수가 없다고 그가 말해 주었다. 그나마 노인들은 여권을 만드는 데 2년이 걸린다고 했다. 여권 없이 네팔이나 인도 국경을 넘으려는 티베트인들을, 고양이가 쥐를 보듯 국경 직원들은 돈을 요구한다고 했다. 돈이 없으면 국경을 넘겨주지 않는다니……. 자유가 얼마나 귀한 것인지, 대한민국 여권으로 많은 나라를 자유로이 여행할 수 있는 나는 얼마나 행운아인지 절실히 느낀 밤이었다.

이른 아침에 마주한 카일라스 북벽의 그 환함이란.

바람도 잠잠하고 햇볕도 따스했다.

story # 16

행복은
사소함에서 오는 것

카일라스 트레킹 셋째 날 Kailas

    셋째 날은 그래도 가장 수월한 날이었다. 둘째 날 밤을 지낸 주튤푹 모나스트리에서 고작 서너 시간만 걸으면 다르첸에 도착할 수 있기 때문이다. 지난밤에 같이 이곳에서 머물렀던 독일인 세 명은 벌써 출발했는지 보이지 않았다. 우리는 비상식량으로 가져온 초코파이를 꺼내 아침 식사를 대신했다. 군대에 있으면 제일 먹고 싶은 게 초코파이라지? 나도 왠지 그 기분을 조금은 알 것 같다는 생각이 들었다. 이곳에서 먹는 초코파이는 정말 맛이 있었다.

'우리도 이제 슬슬 출발하자.'라면서 모나스트리를 나섰다. 이른 아침 공기는 더없이 청량하고 오색 헝겊 타르촉은 바람에 경쾌하게 나부끼고 있었다. 그리고 밤사이 눈이 왔었는지, 저 멀리 산등성이와 땅 위에 얇게 눈이 쌓여 있었다. 눈 위로 앞서 간 사람들의 발자국이 선명히 찍혀 있었다.

이제 서너 시간만 가면 되는데 마음만큼 몸이 따라주지 않았다. 다리가 뻐근했고, 발가락의 물집 때문에 걷는 게 곤욕이었다. 어디서부터 따라왔는지 알 수 없는 개 한 마리가 어느샌가 우리와 동행하고 있었다.

점심때쯤 드디어 트레킹을 마치고, 다르첸에 도착했다. Om coffee shop이라는 숙소겸 레스토랑에서 침대를 배정받았다. 영어를 할 줄 아는 티베트인 남자 '사가'가 운영하는 작은 숙소에는 우리 외에도 두세 명의 외국 여행자가 머물고 있었다. 3일간의 카일라스 트레킹을 마치고, Om coffee shop에서 마신 뜨거운 커피 한 잔의 행복. 오늘 밤은 비교적 따뜻하게 잠들 수 있으리라는 생각만으로도 기분이 좋았다. 편안한 잠자리 하나만으로도 이렇게 행복해질 수 있다는 걸 새삼 느낀다.

남편은 대아에 따뜻한 물을 얻어와 내 발가락의 물집을 터트리고 정성껏 발을 닦아 주었다. 일주일가량 제대로 씻지 못한 서로의 모습을 바라보면서 그래도 우리는 서로가 서로의 곁에 있음에 감사했다.

story # 17

쌀 것 같아?
살 것 같아!

알리로 돌아가는 길 Ali

카일라스 트레킹을 마쳤으니 이제 알리로 돌아가야 했다. 그러나 딱히 버스터미널 같은 게 없는 다르첸에, 그리고 정기적으로 운행되는 버스가 없는 이곳에서 우리가 할 수 있는 일은 무작정 알리행 버스를 기다리는 일뿐이었다. 오후에 알리행 노란 버스가 온다는 Om coffee shop의 사가의 말에 따라 우리는 배낭을 다 싸놓고 버스를 기다렸다. 오후에 온다고 했지만, 정확히 몇 시에 올지는 아무도 몰랐다.

알리행 버스는 오후 4시에 왔다. 푸랑Purang에서부터 손님을 가득 채워 온 버스에는 빈자리가 별로 없었다. 그리고 버스 지붕뿐만 아니라 버스 안의 통로에는 온통 짐으로 가득했다. 버스에 타고 있던 여자에게 알리까지 버스비가 얼마인지 묻자, 200위안이라 대답했다. 알리에서 다르첸으로 오는 버스는 한 사람당 300위안을 줬었는데, 외국인에게 100위안씩 추가 비용을 받는 것이 그들에게는 당연한 일처럼 되어 있었다.

우리는 버스 통로의 짐들을 비집고 지나 맨 뒷자리에 간신히 자리를 잡고 앉았다. 배낭을 놓을 자리가 없어서 무릎에 놓고 가야 하는 상황이었다. 맨 뒷자리까지 우리에게 돈을 받으러 온 중국인 차장은 얄궂게도 우리에게 300위안씩을 뜯어갔다. 버스비가 200위안인 걸 알고 있다고 말해보았지만, 싫으면 내리라는 투였다. 외국인이라고 100위안을 더 내야 하다니, 분했지만 버스가 자주 다니는 게 아니어서 내릴 수는 없었다.

 버스는 다르첸에서 한 시간을 정차해 있었는데, 빈자리가 없음에도 사람들이 꾸역꾸역 탔다. 물이 귀하고 추워서일까. 버스 안에 탄 사람들의 행색이 하나같이 꼬질꼬질했다. 카일라스 트레킹 때문에 5일간 머리를 못 감은 우리와는 비교도 안 될 만큼 그들의 행색은 지저분하고 초라했다. 언제 감았는지 알 수 없는 머리는 떡 져서 머리카락끼리 제멋대로 엉켜있었다. 그리고 흡연자의 천국 중국답게 버스 안의 수많은 남자들이 창문은 꼭꼭 닫은 채 담배를 피워대기 시작했다.

 오후 5시에 출발한 버스는 인원이 많아서인지 속도를 내지 못했다. 게다가 중간에 타이어를 교체하느라 30분을 지체하기도 했다. 버스 통로에 가득한 짐들 때문에 맨 뒷자리에 앉은 우리는 옴짝달싹 못한 채 그냥 자리에 계속 앉아 있었다. 그러던 내게 큰일이 나고 말았다. 저녁 9시가 넘어서면서 배가 살살 아파왔다. 카일라스 트레킹을 하는 동안 변을 한 번도 보지 못했다. 그러던 것이 비포장도로를 버스가 덜컹거리며 달리자 자극이 갔는지 배가 살살 아파 왔다. 괜찮을 거라고 자기 암시를 해보고 심호흡도 해보았지만 소용이 없었다. 온몸에 점점 소름이 쫙쫙 돋았다.

버스는 이제 어둠 속을 달리고 있었다. 도로는 황량하고 가로등도 없어 사위가 칠흑처럼 어두웠다. 계속 담배를 피워대던 중국인들도 여기저기 잠이 들어 버스 안은 고요 그 자체였다. 배가 너무 아파 참을 수가 없다고 남편에게 말했다. 남편은 조금만 참아보라고, 조금 있으면 버스가 설지도 모른다고 말했지만, 나는 도저히 참을 수가 없었다. 쌀 것 같았다. 이러다가는 바지에 쌀 것 같아서, 내 인내심에 끝이 보여서, 옆 자리에 앉아 꾸벅꾸벅 졸고 있는 중국 남자를 툭툭 치며 '츠어~소'라고 말해보았다. 그리고 Emergency가 중국어로 무엇인지 몰라 대충 '긴급! 긴급!' 이라고 외쳐 보았다. 그 순간 잠에서 깬 중국 남자는 '츠어~소' 라고 크게 외쳤고, 여기저기서 버스를 세우라고 소리쳤다. 그리고 고맙게도 버스가 섰다.

버스 안의 어둠과 침묵이 일제히 깨지며, 졸던 사람들도 잠이 깨어 놀라 내 쪽을 바라보았다. 나는 버스 통로 안에 가득한 짐들을 넘어서 버스 출구 쪽으로 돌진했고, 버스 밖으로 나갔다. 그때의 시원한 바깥공기를 나는 지금도 잊을 수가 없다. 칠흑 같은 어둠 속에서도 나는 몸을 가릴 흙더미 같은 것이 버스 뒤쪽에 있는 것을 발견했고, 그곳으로 얼른 뛰었다. 그 밤. 그 어둠이 얼마나 고마웠던지. 너무 급했던 나머지 바지를 내리는 그 시간도 영원처럼 느껴졌다. 바깥의 추위 따위는 아무 문제도 아니었다. 카일라스 트레킹 동안 누지 못했던 변이 일제히 밀려 나왔다.

나는 생과 사를 오가는 느낌을 받았다. 아, 살 것 같았다. 너무나 시원했다. 그때 저쪽에서 나를 찾는 남편 목소리가 들려왔다.

"정현아, 어딨어?"

"어, 여기야."

"시원해?"

"응, 살 것 같아."

"휴지 있어?"

"아……. 없어. 너무 급해서 못 챙겼어."

"그럴 줄 알고 내가 가져왔어."

바지를 추켜올리고 버스를 향해 걸으며 남편이 말했다.

"차장 아저씨, 아까 우리한테 100위안씩 바가지 씌워서 진짜 싫었거든? 근데 너 나갈 때 버스 문 얼른 열어주는 거 보고 용서하기로 했어."

"차장이 문 열어 준거였어? 난 너무 정신이 없어서 몰랐어."

"아무튼 내가 너 때문에 못살아. 난감한 정현."

우리가 버스에 오르자 버스는 곧 출발했다. 나는 '씨에씨에!'를 외치며 통로의 짐들을 넘어 맨 뒷좌석에 조용히 가서 앉았다.

혼자, 그리고 함께한 90일간의
아시아 여행기

story # 18

다시 찾은 알리
알리 Ali

    자정이 넘어서야 버스는 알리에 도착했다. 저녁도 거르고 내내 버스에 있었던 우리는 허기와 추위에 지쳐 있었다. 알리에는 함박눈이 펑펑 내리고 있었다. 차장은 버스 지붕 위로 올라가 짐을 내렸고, 버스 안의 사람들은 저마다 각자의 짐을 챙겨 제 갈 길을 가기 시작했다. 어둠이 내려앉은 소도시 알리는 음산했다. 우리도 일단 사람들이 가는 방향으로 따라 걷기 시작했지만, 곧 사람들은 자취도 없이 사라졌고, 눈 위에 생긴 그들의 발자국도 계속해서 엄청나게 내리는 눈 때문에 희미해졌다.

    배가 고팠다. 다행이 자정이 넘은 시각에도 문을 연 꼬치집이 있어 일단 들어갔다. 가게를 지키고 있던 젊은 한족 아가씨는 손님이 없어 꾸벅꾸벅 졸다가 우리를 맞았다. 뭐가 뭔지도 모른 채 우리는 마음에 드는 꼬치를 손가락으로 가리켜 주문했다. 허기가 져서인지 꼬치는 맛이 좋았다. 그리고 뜨거운 국물의 온기와 포만감 때문인지 가게 유리창으로 보이는 눈 내리는 알리의 밤 풍경은 텔레비전 화면을 보는 것처럼 비현실적으로 느껴졌다.

새벽 한 시가 넘었다. 이제 숙소를 잡아야 한다. 지난번 처음 알리에 왔을 때, 트럭 운전기사 허량 아저씨가 소개해준 숙소로 가보았지만, 자다 깬 리셉션 직원은 짜증 섞인 말로 '메이요우(없다)!'라고 외쳤다. 난감한 순간이었다. 저렴한 숙소들은 대부분 만원이었고, 값비싼 숙소들은 가격도 부담이었지만, 외국인 여행자들을 공안에게 신고하기 일쑤였다. 허가증이 없는 우리는 발각되었다가는 엄청난 벌금을 물어야할 것이 뻔했다.

그렇게 숙소를 찾아 한 시간쯤 헤맸을 때 발견한 어느 빈관. 내복 차림의 주인 남자가 슬리퍼를 끌고 나와 우리를 빈방으로 안내해주었다. 그리고 뜨거운 물이 가득한 보온병을 주는 것도 잊지 않았다. 침대에는 전기장판까지 깔려 있어서 우리는 고향에 온 것처럼 들떴다. 가격은 80위안으로 허량 아저씨가 소개해주었던 50위안짜리 숙소보다는 비쌌지만, 전기장판 덕분에 우리는 카일라스 트레킹 동안 추위에 덜덜 떨었던 기억을 떨쳐낼 수 있는 따뜻하고 깊은 잠을 잘 수 있었다.

story # 19

2박 3일간의
버스 여행

라싸 가는 길 Lhasa

　　알리에서 라싸拉薩, Lhasa까지는 1,660km이다. 알리에서 이틀에 한 번씩 라싸행 버스가 정오에 출발한다. 값은 현지인인 경우 730/700/660위안인데, 세 가지 등급이 무엇에 근거한 것인지는 모르겠다. 알리 버스터미널에서는 외국인에게는 무조건 100위안의 추가요금을 받았다. 우리는 제일 싼 표를 샀다. 라싸행 버스는 허름하긴 해도 상, 하로 나뉘어 누워서 갈 수 있는 구조로 되어 있었고, 몇 년간 세탁을 하지 않은 것 같은 이불도 놓여 있었다. 닭장 같은 구조에 낡은 버스였지만 불편한 자세로 트럭을 타고 알리로 왔던 생각을 하면 그나마 누워서 갈 수 있다는 것은 호강이었다.

처음 버스에 탈 때 차장이 버스 티켓을 확인하며 숫자를 적어 주었지만 대수롭지 않게 여기고, 뒤쪽 빈자리에 자리를 잡았다. 그러나 얼마 지나지 않아 한 허름한 차림의 남자가 내게 다가와 버스표를 가리키며 중국어로 무어라 말을 했다. 나는 눈만 동그랗게 뜨고 이미 널브러 놓은 내 배낭만 가리켰다. 그것이 얼마나 볼지각한 행동이었는지 나는 나중에야 알게 되었다. 내가 자리를 잡은 그 자리는 그 남자의 자리였던 것이다. 버스 티켓에 차장이 적어준 숫자는 내가 앉아야 할 좌석 번호였는데, 나는 그것을 몰랐던 것이다.

남자는 괜찮다며 자신이 원래 내가 앉아야 할 자리에 앉아가겠다고 말했다. 그의 말을 이해할 수는 없었지만, 대충 그의 제스처가 그랬다. 미안해서 나는 거듭 사과했다. 나중에 알고 보니 원래 내가 앉아가야 했던 좌석은 뒤쪽 윗칸으로 비포장도로를 달릴 버스로 인해 엄청나게 덜컹거릴 자리였다.

버스는 2박 3일간 줄기차게 달렸다. 간혹 타이어를 갈았고, 때가 되면 식사를 할 수 있는 곳에 서거나 노상방뇨를 할 수 있는 곳에 서기도 했다. 라싸까지 가는 동안 세 번의 검문이 있었다. 공안이 버스에 올라 버스 안을 한 번 휙 훑어볼 때에는 공안과 눈이 마주치지 않으려고 애써 시선을 창밖으로 던진 적도 있었다. 그런 검문 때마다 허가증이 없는 우리는 잔뜩 긴장했지만, 공안은 여권만 보고 아무 문제도 삼지 않았다.

몇 백 위안이면 되는 허가증을 돈이 없어 사지 않은 것은 아니다. 우리는 그저 티베트 땅을 점령하고 돈을 받고 허가증을 발급하는 중국이 싫어서 일종의 반항을 한 것이다. 그것이 무모한 짓이고 어찌 보면 나중에 벌금이라는 더 큰 손실을 가져온다고 해도, 일단 온순히 응하고 싶지는 않아 객기를 부려보고 싶었다. 황량한 티베트 고원, 그리고 고지대에 위치한 시리도록 맑은 호수들을 스치듯 지나쳤지만, 오랜 여행으로 나의 감정의 촉수는 무디어졌는지 아무런 감흥이 일지 않았다. 그저 어서 라싸에 도착해 푹 쉬었으면, 하고 바랬다. 우리는 지칠 대로 지쳐있었다.

나는 화장실에 가지 않기 위해 최대한 물을 마시지 않았다. 한 사람만 간신히 누울 수 있는 비좁은 자리. 남편은 배낭을 버스 지붕에 올렸지만, 나는 카메라와 필름 때문에 배낭을 가지고 탔다. 배낭은 내 발밑 쪽에 놓였고, 덕분에 나는 다리를 쭉 뻗을 수가 없어 몹시 불편했다. 2박 3일 후에 라싸에 도착했을 때 내 무릎 뒤쪽은 검게 변해 있었다.

창가 쪽 내 자리엔 밤이면 칼바람이 비집고 들어왔다. 나는 너무나 추워 몸을 잔뜩 웅크렸다. 잠이 오지 않을 때면 나는 20세기 초에 티베트를 여행한 최초의 서양 여성 알렉산드라 다비드 넬Alexandra David-Neel은 어땠을까 상상해 보았다. 아직 훼손되지 않은 20세기 초의 티베트는 어떤 모습이었을까?

4박 5일간이나 트럭도 탔었는데, 버스는 호사라고 스스로 위로했지만 라싸까지 가는 여정은 멀고도 멀었다. 알리에서 출발한 버스는 3일째 저녁 라싸에 도착했다.

story # 20

드디어 왔구나
라싸 Lhasa

　　인도의 맥그로드 간즈Mcleod Ganj에는 티베트의 임시 정부가 있다. 여행자들은 인도인들의 질척한 시선과 더위를 피해 맥그로드 간즈에 가기도 한다. 그곳에는 한국인과 비슷한 외모의 티베트인들이 많이 모여 살고 있고, 티베트 음식인 따뜻한 국물의 뚝빠Thugpa나 덴뚝Thentuk을 먹을 수 있다.

　　나는 티베트를 잘 모른다. 그저 한국의 회색 승복에 익숙한 내게 붉은 승복의 티베트 승려들은 신기함 그 자체였을 뿐, 티베트가 언제 중국에 침략당해 나라를 빼앗겼는지도 잘 몰랐다.

　　맥그로드 간즈에 머물면서 나는 손가락 발가락이 없는 많은 걸인을 보았다. '왜 저렇게 손가락 발가락이 없는 티베트 사람들이 많을까?' 라는 의구심만 품었을 뿐, 그들이 자유를 찾아 열악한 장비로 티베트에 주둔한 중국 군대를 피해 히말라야를 거쳐 네팔이나 인도 국경을 넘다가 동상에 걸려 저렇게 손가락 발가락을 잘라내야 했다는 건 꿈에도 몰랐다. 맥그로드 간즈의 티베트 박물관에는 조국을 떠나 하얀 설산을 일렬로 걷고 있는 티베트 사람들의 사진이 전시되어 있다.

　　달라이 라마도 자신의 거처였던 티베트 라싸에 있는 포탈라궁Potala Palace에 다시는 가지 못했다. 포탈라궁은 비싼 입장료에도 불구하고 늘 관광객으로 붐빈다. 그것도 곧 입장료가 300위안에서 더 오를 것이라는 소문이 자자하다. 중국의 50위안짜리 지폐에는 포탈라궁이 버젓이 새겨져 있다. 이제는 만리장성처럼 중국을 대표하는 유적이 되어가고 있다.

영혼의 도시 라싸. 20세기 초 프랑스의 다비드 넬이 서양 여성 최초로 라싸에 입성한 과정을 되새기며, 인도나 네팔로 넘어간 티베트인들이 다시는 밟지 못하는 그들의 조국 티베트에 대한 예의로라도 나는 기차나 비행기로 라싸에 가지는 말아야겠다고 결심했다.

라싸에 가까워질수록 붉은 중국의 오성기를 달고 있는 집들을 쉽게 발견할 수 있었다. 도로는 매끈하게 포장되어 있었고, 4차선으로 쭉쭉 뻗어 있었다. 라싸는 내가 생각했던 영혼의 도시가 아니었다. 개발이라는 명목으로 얼마나 많은 티베트식 가옥이 없어지고 콘크리트 건물이 들어선 것일까. 포탈라궁 근처에는 나이트클럽마저 자리하고 있었다. 다 저녁에야 라싸에 도착한 우리는 번쩍이는 네온사인과 수많은 자동차의 물결을 보며 어안이 벙벙했다. 이곳이 과연 라싸인가?

카슈가르의 서만빈관의 3인실 도미토리에서 만난 일본 여행자는 10년 전 거얼무格爾木, Golmud에서 트럭을 타고 몰래 라싸에 들어왔다고 했다.

몇 년 전 인도에서 만났던 여행자 역시 거얼무에서 트럭을 타고 라싸에 왔다고 했었다. 이렇게 급속도로 변해버린 라싸를 보고 그들도 당황하고 말았다고 한다. 발전과 개발과 문명이라는 단어가 이렇게 서글플 수 있다는 것을 나는 라싸에 도착한 첫날 절절히 느꼈다. 드디어 라싸에 도착했다는 기쁨도, 이곳까지 오느라 트럭과 낡은 닭장 같은 버스를 탔던 시간에 대한 아무런 보답도 받지 못한 채 나는 헛헛한 마음을 둘 곳 없어 저벅저벅 걷기만 했다.

키리 호텔吉日旅社, Kirey Hotel에 짐을 풀기로 하고 리셉션에 들어갔다. 티베트 여인인 듯한 주인 여자는 영어를 꽤 잘했다. 티베트식 전통 복장에 번쩍이는 금장신구를 하고, 강한 햇살과 바람에 볼이 빨갛게 튼 그녀는 정성스레 영수증을 작성해주었다.

드디어 내가 라싸에 왔구나. 그래도 지금은 너무 지쳤다. 일단 푹 자야겠다.

story # 21

어린 순례자

라싸 Lhasa

혼자, 그리고 함께한 90일간의
아 시 아 여 행 기

키리 호텔의 2인실은 70위안. 공용 샤워실엔 뜨거운 물이 콸콸 나왔고, 게다가 호텔에서 나눠주는 주머니에 빨래를 담아놓으면 무료로 빨래도 해주었다. 그래서 아침이면 빨랫줄에는 세계 각지에서 모여든 여행자들의 옷들이 주렁주렁 널려있었다.

근처에는 '아리랑'이라는 한국 식당이 있어서 오랜만에 삼겹살과 김치찌개로 포식할 수 있었다. 터키, 이란, 파키스탄 같은 이슬람 국가를 지나면서는 구경할 수도 없었던 돼지고기, 그것도 삼겹살을 우리는 얼마나 그리워했는지 모른다. 갑작스런 포식으로 나는 탈이 나서 며칠 간 설사를 했지만, 개의치 않고 다음날도 또 다음날도 삼겹살을 먹으러 아리랑에 갔다.

라싸는 전형적인 여행자 거리였다. 생각보다 번화했고, 4차선 도로가 쭉쭉 뻗어 있었고, 인터넷 속도도 빨랐다. 특히 야크 호텔에서 바코르Barkhor 광장으로 가는 길에는 수많은 여행사와 상점, 여행자를 위한 음식점들이 즐비했다. 조캉 사원大昭寺, Jokhang 앞에는 오체투지五體投地(불교에서 행하는 큰절의 형태)를 하는 티베트인들로 붐볐지만, 현지인만큼이나 관광객도 많았다. 간혹 한족 여행자들은 티베트인들의 기도하는 모습을 카메라에 담아갔다. 어떤 한족 여자는 오체투지하는 티베트인들 사이에서, 자신도 흉내를 내며 사진을 찍기도 했다.

바코르 광장에는 중국 대형 패스트푸드점도 자리하고 있었다. 조캉 사원과 대형 패스트푸드점이라니. 불국사 앞에 맥도널드가 있다면 이런 느낌일까? 남편과 나는 조캉 사원이 마주 보이는 곳에 앉아 햇볕을 쪼이며, 오체투지를 하는 티베트인들의 뒷모습을 바라보았다. 많은 사람이 조캉 사원을 둘러싼 코라를 도느라 같은 방향으로 움직이고 있었다.

라싸에 머무는 동안 거의 매일 우리는 아리랑에 들러 밥을 먹었고, 하루도 빠짐없이 천천히 걸어서 조캉 사원 앞에 갔다. 어느 오후에는 조캉 사원 앞에서 어린 순례자를 보았다. 여섯 살이나 되었을까 싶은 아이는 본래의 색을 잃어버린 더러운 옷을 입고 오체투지를 하고 있었다. 너무 작은 그 순례자를 다른 티베트인들의 발치에서 발견하고서 나는 눈을 뗄 수가 없었다. 도대체 그 어린 아이가 무엇을 위해 오체투지를 하는 것일까?

주변에는 중국인으로 보이는 방송국 관계자인지, 사진작가인지 정체를 알 수 없는 엄청난 장비를 가진 몇몇 중국인들이 돌아다니며 사진을 찍고 있었다. 그들은 어린 순례자를 발견하고는 다가가 사진을 찍기 시작했다. 마침 군것질 거리를 파는 여자가 지나가자, 그들은 과자를 사서 어린 순례자에게 주었다. 그러자 어린 순례자는 활짝 웃으며 카메라를 응시했다. 눈 한번 깜박이지 않고서.

그 모습에 내가 가슴을 쓸어내린 건 왜일까. 나는 그만 자리를 털고 일어섰다. 그 어린 순례자가 '나는 중국인이 싫어요.' 라고 말하며 과자를 뿌리치길 바란 것일까.

story # 22

너도
똑 같 아
라싸 Lhasa

    티베트의 아침 햇살은 따사롭다. 초겨울의 날씨라 춥기는 하지만, 햇살만은 환했다. 밤 동안은 두꺼운 이불과 침낭에 의지해 잠을 자지만 아침이면 한껏 기지개를 켜고, 숙소 안에 있는 타시 카페Tashi Cafe 2에서 아침 식사를 했다. 타시 카페 1은 야크 호텔에서 가까운 곳에 있지만, 타시 카페 2는 우리가 머물고 있는 키리 호텔 안에 있었다.

    타시 카페 2에서는 맛있는 치즈 케이크를 팔고 있어 내가 좋아하는 곳이기도 했다. 아침으로 커피와 토스트를 시켜놓고 우리는 지난 여행에 대해 이야기하고, 앞으로 한국에 돌아가서 겪어야 할 일들에 대해 이야기했다.

    아침을 먹고 나면 우리는 천천히 걸어 조캉 사원 앞으로 갔다. 조캉 사원으로 가는 길에는 야크 우유로 만든 버터를 파는 집도 있고, 정육점도 있고, 수많은 노점상도 있었다. 골목에서 구슬치기를 하며 노는 아이들과 손님이 없는 틈을 타서 책을 읽는 티베트 여인도 있었다. 아이들은 사진을 찍거나 말거나 놀이에 열중했고, 티베트 여인은 수줍게 웃으며 사진을 찍도록 허락해 주기도 했다.

어느 날은 조캉 사원 가는 샛길에 세 명의 티베탄 노인들이 ²²⁾마니차 Mani Wheel를 돌리며 앉아 있는 모습을 보았다. 그 모습이 인상적이어서 사진을 찍어도 되는지 묻자, 노인 한 분이 손바닥을 내밀며 돈을 내라는 시늉을 했다. 처음에는 조금 당혹스러웠지만 색다른 사진을 찍고 싶은 욕심에 1위안을 노인의 내민 손바닥에 올렸다. 사진을 찍으려고 카메라를 들 때였다.

"어제 그 중국인 사진작가와 네가 다른 게 뭐야. 너도 똑같아."

남편의 한 마디가 들려왔다. 남편의 그 말이 가슴을 콕 찌른 듯 아파왔다. 사진을 찍으려고 돈을 주는 나. 나도 그 중국인과 똑같다는 걸 그제야 알았다.

---

22) 마니차(Mani Wheel)는 불교 경문이 들어 있는 통으로 티베트 사람들이 기도할 때 사용하는 일종의 종교 도구이다. 이 통을 한 번 돌리는 것이 불교 경문을 한 번 읽는 것과 같다고 한다.

어제 그 중국인 사진작가와 네가 다른 게 뭐야.

너도 똑같아.

story # 23

조캉 사원 앞에서
흘린 눈물

라싸 Lhasa

　어느 날, 남편은 소리 없이 이른 아침 홀로 조캉 사원 앞에 다녀왔다. 나는 일어나서 부스럭대는 그의 기척을 느끼고 있었지만, 잠이 깬 척을 하지 않고 조용히 누워있었다. 아직 동도 트기 전의 새벽녘이었다. 초겨울 라싸의 새벽은 무척이나 어둡고 추웠다. 그가 나갈 채비를 하고 조용히 문을 열고 나가는 것을 나는 모르는 척하고 누워 있었다. 그는 아마도 내가 자고 있는 줄 알았을 것이다.

　그가 숙소로 돌아온 것은 동이 트고도 한참이 지난 후였다. 남편은 늘 아침을 먹고 햇볕을 쬐며 나와 함께 걷던 그 길에서 한낮과는 다른 엄숙함을 느끼고 왔다고 했다. 해가 뜨지 않아 어두컴컴한 그 시간에 조캉 사원 앞에는 수많은 티베트인이 오체투지에 열중해 있었고, 또 수많은 티베트인이 마니차를 돌리며 코라를 돌고 있었다고 했다.

　그리고 어둠 속에서 바닥에 어떤 물체가 움직이는 모습에 흠칫 놀랐다고 했다. 그것은 오체투지로 코라를 도는 사람이었다고 했다. 다리가 불편한 노인을 가족들이 부축해서 코라를 도는 사람들도 있었고, 손에 1각짜리 중국돈을 뭉치로 들고서 10미터 마다 앉아 있는 거지들에게 일일이 1각씩 주는 할머니도 있었다고 했다.

그는 이른 아침 그 어둠 속 풍경을 보면서 눈물이 흘렀다고 했다. 얼마 만에 눈물이란 걸 흘렸는지 모른다고 말했다. 눈물을 흘리며 티베트 사람들을 따라 코라를 돌았다고 했다. 그리고 그 어둠 속에서 진정한 라싸를 느낄 수 있었다고 말했다.

그는 내 손을 꼭 잡고 말했다.

"날 티베트로 이끌어줘서 고마워."

story # 24

하늘에
묻는다는 건

라싸 Lhasa

    티베트인들은 천장이라는 장례를 치른다. 이는 고도가 높은 티베트에서 시체가 썩지 않아 행하는 장례 관습으로 시체를 토막 내고 살을 발라 독수리들이 먹게 하는 방식이다. 천장天葬, Sky Burial. 말 그대로 하늘에 묻는다는 뜻이다. 천장이 행해지는 곳은 라싸에서 3시간 여 버스를 타고 가면 위치해 있는 드리쿵Drikung 사원이다. 가슴이 뛰었다. 타인의 죽음과 소멸을 보러 가는데 왜 가슴이 뛰는지 알 수 없었지만, 가서 내 두 눈으로 직접 보고 싶었다.

    보통 낮에 드리쿵 사원에 도착하면 다음날 아침 행해지는 천장을 보게 된다. 물론 유족들의 동의가 있어야겠지만. 영혼과 숨이 빠져버린 육체가 어떻게 갈리고 찢겨 독수리들의 먹이가 되고, 또 한 사람의 육체가 어떻게 소멸되는지 그 과정을 옆에서 직접 보고 싶었다. 또 그 과정을 지켜보면서 몸서리치고 싶었다. 그 몸서리침은 단순히 잔인한 장면을 목격해서가 아닌 생과 사를 생각하게 하는 그것이어야 했다.

    드리쿵 사원에 가서 천장을 보자는 내 제안에 남편이 대답을 하지 않았다. 한동안 굳게 다물어졌던 그의 입이 무겁게 벌어졌을 때, 그의 입에서 나온 대답은 '윤리'였다.

"유족들의 입장을 생각해봤어? 자신의 사랑하는 가족이 죽어서 그 시체가 토막 내어질 때 그것을 관광객들이 와서 구경한다고 생각해봐."

"인도 바라나시에서도 시체를 화장하는 장면은 외국인 누구라도 보잖아 뭐."

"바라나시는 공개된 장소지만, 천장을 치르는 곳은 그렇지 않잖아."

"그럼 유족들에게 미리 양해를 구하고 보면 되잖아. 사진도 찍지 않을 거고."

"단순히 호기심 때문이라면, 그리고 남들이 흔히 할 수 없는 경험을 위한 것이라면 올바르지 않다고 생각해. 다시 한 번 생각해봐."

나는 잠시 생각에 잠겼다. 내 안으로 깊이 들어가 진심을 물었다. 혹시 남과 다른 특이한 경험을 위한 것인지, 여행기 거리를 위한 것은 아닌지, 정말 순수하게 죽음과 소멸을 보고 싶은 것인지……

지난 10월 초에 천장을 보고 온 어떤 한국인 여행자는 유족들이 보지 말라고 했는데 몰래 보다가 욕을 봤다고 했다. 시뻘건 피가 묻은 칼을 든 유족 중 한 명이 나와서 화를 냈다고 했다.

"그래, 보러 가지 않을게……."

대답은 그렇게 했지만, 무언가 아쉽기만 한 것은 어쩔 수 없었다. 그러다 며칠 후 전 직장 동료에게서 짧은 이메일을 받았다. 메일에는 이런 내용이 담겨 있었다. 동료의 아버지가 얼마 전 돌아가셨다는 것. 오랜 지병이 있어 예상은 하고 있었지만, 막상 아버지의 죽음 앞에서는 담담할 수가 없었다는 것. 아무리 다른 이들의 따뜻한 위로가 있다 해도 가족을 잃은 슬픔은 밀실에서 혼자 감당해야 할 슬픔일 수밖에 없다고 동료는 털어놓았다.

나는 동료의 짧은 이메일을 곱씹어 읽으며, 타인의 죽음과 그 유가족의 슬픔을 구경하러 가야겠다는 생각을 깊이 후회했다.

간덴 사원에서 코라를 돌다

    11월 초 새벽 6시. 초겨울 라싸의 아침 6시는 새벽 서너 시처럼 어둡고 춥다. 특히 감기 환자에게 겨울의 새벽은 곤욕의 시간이다. 카일라스 트레킹에서 얻은 감기는 꽤 질기게 내게 달라붙어 있었다. 폐병 환자처럼 연방 기침을 내뱉으면 누런 가래가 쉬여 나왔다. 연속되는 기침과 가래, 그리고 엄습하는 오한. 더 자고 싶은 마음을 억누르고 이불의 온기를 밀어젖히고 일어나야 하는 일이 내겐 참으로 곤욕스럽다.

우리가 바코르 광장(八角街, Barkhor)에 도착한 것은 아침 6시 30분이다. [23)]간덴 사원(甘丹寺, Ganden Monastery)행 버스는 티베트 사람들로 가득 차서 빈 자리가 없었다. 하는 수 없이 우리는 운전석 옆의 엔진커버 위에 앉아, 어둠 속의 버스 안 풍경을 바라보며 가게 되었다. 버스가 출발하기 전에 버스 안에 티베탄 빵을 파는 아낙이 들어왔다. 사람들이 1위안을 내밀면 아낙은 비닐봉지에 네 개를 담아서 주었다. 1위안을 받아서 아낙에게 도대체 얼마나 남을까. 아낙은 버스 안에서 3위안을 벌어서 나갔다.

티베탄 빵을 파는 아낙이 내리자 버스는 곧 출발했다. 버스 안의 티베트 사람들은 하나같이 티베탄 양털 코트를 입고, 얼굴은 빨갛게 볼 터치를 한 것처럼 터져 있었다. 고지대의 강한 바람과 추위 때문이리라. 어둠 속을 달리는 버스는 엔진 소리만 요란하고, 사람들은 제각기 말이 없었다. 어떤 이는 창밖을 응시했고, 어떤 이는 출발 전에 티베트 아낙에게서 산 빵을 자녀에게 먹이고 있었고, 어떤 이는 티베탄 양털 코트 속에 고개를 묻은 채 잠들어 있었다.

그렇게 버스가 한 시간쯤 달렸을까. 주위가 서서히 환해지기 시작했다. 그리고 어느 공터에 버스가 도착했다. 사람들은 찌뿌드드한 몸을 일으키며 어기적어기적 버스에서 내렸다. 우리도 한껏 기지개를 켜고, 이른 아침의 차고 맑은 공기를 들이마셨다. 공터에는 간덴 사원으로 사람들을 태워 옮길 미니버스가 대기하고 있었다. 간덴 사원으로 올라가는

[23)]간덴 사원(甘丹寺, Ganden Monastery)은 티베트의 3대 거루파(格鲁, Gelug) 사원 중의 하나이다. 거루파의 총본산으로 정치적 권력을 가지고 있는 이곳은 라싸에서 멀리 떨어져 있어 참배자나 관광객은 많지 않다.

길은 굽이굽이 굽은 도로를 한참이나 올라가야 해서 걸어가는 건 상상도 할 수 없었다.

간덴 사원 앞에는 야크 버터와 오색 헝겊 타르촉 등을 파는 사람들이 가판대 위에 물건을 진열해놓고 손님을 부르고 있었다. 사람들은 사원 안의 초가 꺼지지 않도록 넣을 야크 버터를 사고, 하얀 스카프 카닥^{Kathak, Prayer Scarf}을 샀다. 우리는 아침을 걸렀기에 근처 식당에 가서 버터티를 시켜 언 몸을 녹였다.

아침 9시가 넘어 추위가 조금 사그라졌을 무렵, 간덴 사원의 코라를 돌기 시작했다. 길은 수월한 편이었지만 절벽을 따라 이어진 길은 조심스러웠다. 저 멀리 마을과 뱀처럼 휘어진 강줄기, 풀 한 포기 없는 산들이 눈앞에 펼쳐져 있었다. 정말 장관이다. 이 황량한 곳에도 먹을 것이 있는지 곳곳에 야크들이 풀을 뜯고 있었다. 코라 중간 중간에는 오색 타르촉들이 바람에 나부끼고 있었다.

한참을 걷다가 코라 위쪽 언덕에 앉아 있는 티베탄 부부를 보았다. 그들에게 다가가 '따시델렉.'이라고 티베트식 아침 인사를 건네자 부부는 정답게 웃어주었다. 우리도 잠시 앉아 쉬었다 가기로 하고, 티베탄 부부 옆에 앉았는데 그곳에 천장 터가 있었다. 아, 나도 모르게 탄성이 흘러나왔다.

돌을 이용해 만든 편평한 제단 같은 것이 있고, 그 위에 도끼와 녹슨 칼, 뼈의 잔해와 머리카락들이 어지러이 놓여 있었다. 죽은 이가 입고 있었을 옷가지들도 보였다. 한쪽에서는 티베탄 부부가 피운 것 같은 모닥불에 사과가 타고 있었다. 사과를 땔감으로 쓰는 사람은 없을 것이다. 부부는 이곳에서 가족을 하늘로 보낸 것일까. 아마도 그 죽은 이가 사과를 좋아했을지도 모를 일이다.

시체를 토막 내어 살을 발라내 독수리들이 먹게 하는 이런 티베트식 장례 풍습을 야만적인 행위라고 말하는 이도 있을 것이다. 그러나 시체가 썩지 않는 척박한 고산지대에 사는 그들에게 어쩌면 이것은 가장 합리적인 방식의 장례이리라. 어차피 영혼과 숨이 빠져나간 육신은 껍데기에 불과할 뿐이니까.

나무 한 그루 없는 황량한 산줄기만 보이는 그 천장 터에 앉아, 생과 사에 대한 여러 가지 생각으로 우리는 둘 다 말이 없었다. 사과는 이미 다 타서 시커먼 잔해만 남았고, 어느새 티베탄 부부는 자리를 뜨고 없었다. 땀이 식자 곧 추워졌으므로, 우리는 자리를 털고 일어났다. 그리고 곧 코라 돌기를 끝마쳤다.

어차피 영혼과 숨이 빠져나간 육신은 껍데기에 불과할 뿐이니까.

나무 한 그루 없는 황량한 산줄기만 보이는 그 천장 터에 앉아,
생과 사에 대한 여러 가지 생각으로 우리는 둘 다 말이 없었다.

story # 26

붉은 승복을 입은
승려의 최 라

라싸 Lhasa

　라싸 근교에서 꼭 가보고 싶었던 곳은 사미에 사원(桑耶寺, Samye Monastery)과 남초 호수(納木錯, Namtso lake)였지만, 11월의 날씨에는 방문이 힘들었다. 이제 라싸에서의 일정을 마무리할 때가 되었다고 느낀 우리는 마지막으로 어디를 가볼까 하다가 [24] 세라 사원(色拉寺, Sera Monastery)에 가기로 마음먹었다.

　언제나 그렇듯 티베트의 하늘은 파랗다. 이렇게 파랗고 시원한 하늘을 본 적이 없다. 짙은 군청색의 하늘은 고산지에 익숙하지 않은 우리의

---

[24] 세라 사원(色拉寺, Sera Monastery)도 티베트 3대 거루피 사원 중의 하나이다. 5,000명 이상의 승려가 거주하던 큰 사원이었지만 중국의 침공과 문화대혁명으로 심하게 훼손되었다가 지금은 많은 부분이 보수되었다. 2008년 티베트 사태 이후로는 소수의 승려만이 남아있다.

가쁜 호흡도 종종 멈추게 하는 매력이 있었다. 이제 티베트를 떠날 날이 얼마 남지 않았다.

세라 사원은 라싸 시내에서 제법 가까워서, 우리는 느긋하게 출발했다. 라싸 시내에서 걸어가도 한 시간이면 충분하다. 중국인들이 시원하게 깔아놓은 4차선 도로와 대형마트, 곳곳에 걸려있는 오성홍기가 바람에 나부끼는 모습을 보면서 우리는 걸었다. 이 이질감을 어찌하면 좋을까, 씁쓸해 하면서. 사원 입구에 들어서자 여행자들과 더불어 코라를 도는 현지인들로 북적북적하다.

세라 사원은 라싸의 3대 사원이라는 이유 외에도, 여행자들을 매료시키는 무언가가 있다. 세라 사원의 야외 정원에서 이루어지는 교리문답 시간이 그것이다.

어디에선가 박수소리와 고함소리가 들려왔다. 이미 승려들의 최라辯經, Chora가 시작된 모양이다. 최라는 세라 사원에서 행해지는 교리문답을 일컫는 말인데, 질문자가 과격한 몸짓과 목소리로 질문을 하며 한쪽 손바닥에 다른 쪽 손바닥을 '탁' 하고 내리치면 앉아 있는 상대방이 재치 있게 그 질문에 대답을 해야 한다. 질문자의 과격한 몸동작은 상대방을 압도하기 위함이라고 하는데, 솔직히 순수한 교리문답이라기보다는 관광객을 겨냥한 쇼를 보는 듯한 느낌도 있어 씁쓸하다.

　아무튼 정원 곳곳의 나무그늘 아래에서 들려오는 열띤 박수소리와 과장된 몸짓은 보는 이를 즐겁게 한다. 그들의 교리문답에 방해가 되지 않도록 한쪽에 조용히 앉아 즐겁게 최라를 감상했다. 관람객은 우리 말고도 여럿 있어, 제각각 구석구석에 자리 잡고 앉아 어린 승려들의 소란스러운 교리문답을 지켜보았다. 가을이 깊어져 우수수 노란 잎들이 바닥에 떨어져 있는 가운데, 붉은 승복을 입은 이들의 몸짓은 꽤 인상적이었다.

story # 27

라싸에서의 마지막 날
라싸 Lhasa

라싸의 초겨울은 못 견딜 만큼 추운 것은 아니었지만, 지독한 감기가 내내 떨어지지 않고 붙어 있었다. 여행을 하면서 나를 가꿀 시간이 없어 거울을 자주 보지 않게 되었지만 가끔 샤워를 하다가 거울을 보면 까맣고, 뺨엔 가득 주근깨가 도드라지고, 긴 머리는 아무렇게나 자라고, 한국에서보다 통통해진 내가 있었다. 고산지대를 여행할 때마다 겪는 건조증으로 피부는 하얗게 버짐이 피고, 기운이 없었다.

아시아 횡단의 끝자락에 와 있었고, 체력과 더불어 여행 자금도 바닥나고 있었다. 카일라스 트레킹 때 얻은 지독한 감기는 뜨겁고 매운 한국의 국물요리를 자꾸만 떠오르게 했다. 이제는 집에 가야할 때가 된 것 같았다.

라씨에서의 마지막 날. 늘 가던 포탈라궁 앞에 제일 먼저 다녀왔다. 그리고 돌아오는 길에 조캉 사원도 들렀다. 조캉 사원으로 가는 길에 스노우랜드 호텔 근처의 단골 노점 묵 가게에 들러 1위안짜리 매콤한 묵 한 그릇을 비웠다. 묵 가게의 소녀는 티베탄인데 중국어 공부를 하고 있었다. 우리는 그녀에게 이제 집으로 돌아간다고 작별인사를 했다.

매일 들리다시피 했던 한국 식당 아리랑. 아리랑 주인아주머니는 선교 때문에 라싸에 오셨다고 했다. 그리고 그녀는 중국인 공무원들은 한 달에 3~4천 위안을 벌지만, 일반 장족(티베탄)이나 중국인 종업원들은 고작 350~400위안을 버는 게 다라고 말해 주었다. 돈 있는 장족들이 더 못됐다는 이야기도 했다. 집에 세탁기가 있어도 전기료가 많이 나온다고 열세네 살짜리 보모에게 찬물에 손빨래를 시킨다고 했다. 장족 강도가 더 많다는 이야기도 했다. 힘 있는 장족들을 벌써 중국이 돈으로 거의 매수했다고, 티베트는 더 이상 독립하기 힘들다는 말도……

책이나 다른 매체로 접하는 티베트와 티베트 사람들은 그저 선하고, 다른 사람의 업까지 걱정하는 사람들이다. 물론 중국이라는 검은 힘에 의해 그들은 오염되고, 빈부격차도 심해졌을 것이다. 나는 조캉 사원 앞에서 오체투지를 하는 많은 티베트 사람들도 보았지만, 거리에서 또는 식당에서 구걸을 하는 티베트 승려들도 많이 보았다. 그들은 그 돈으로 유흥을 즐긴다고 한다. 우리가 머물고 있는 키리 호텔의 창문으로 보이는 맞은 편 티베탄 가정집은 텔레비전만 주시할 뿐 별 대화가 없어 보인다.

'티베트는 지금 점점 사라지고 있는 것일까?'

　라싸를 떠나기 전날 저녁, 아리랑 식당에 들렀다. 이제 48시간 기차를 타고 베이징으로 간다. 기차 안에서 우리는 아마 라면만 먹게 될 것이다. 식당 아주머니에게 부탁했더니, 김치를 한 봉지 가득 주셨다. 돈을 내고 사려고 했는데 선물이라며 그냥 주셨다.

　다음에 또 오게 되면, 한여름에 유채꽃 가득한 사뮈에 사원에 가야지. 그리고 남초 호수도 놓치지 말아야지.

　그립겠지. 티베트의 파란 하늘.

　조캉 사원 앞의 햇살도, 타시 카페의 치즈 케이크도.

story # 28

하늘열차 타고
베이징으로

베이징 가는 길 Beijing

해발 4천 미터 이상 고지 위를 달리는 하늘열차라고 불리는 청장철도青藏鐵道, Tibetan railway는, 청해성青海省, Qinghai과 서장西藏, Xizang을 잇는 열차라는 의미에서 청장이라고 하며 중국어 발음으로는 '칭짱철도'이다. 이 하늘열차 덕분에 라싸에서 베이징北京, Beijing 가는 길이 한결 수월해졌다. 그리고 수많은 사람이 쏟아지듯 라싸에 들어오고 있다. 라싸에서 베이징까지 꼬박 48시간이 걸리는 이 열차를 예약하러 길을 나섰다.

라싸에서 우리가 머물렀던 키리 호텔 앞 버스 정류장에서 버스를 타면, 기차역으로 가는 91번 셔틀버스를 탈 수 있는 곳까지 데려다준다. 내려서 91번 버스를 타고 20분쯤 가면 신설된 라싸 기차역으로 갈 수 있다.

신설된 기차역은 제법 구색을 잘 갖췄지만, 티켓을 파는 창구는 하나만 열려 있었다. 그 앞으로 기차표를 사려는 사람들의 줄이 길게 늘어서 있었다. 줄을 정돈하는 요원이 세 명이나 있었지만, 사람들은 어떻게든 새치기를 하려고 호시탐탐 기회만 엿보고 있었다. 괜히 앞쪽으로 가서 어슬렁거리는 사람이 있는가 하면, 앞쪽에 줄을 선 어수룩해 보이는 남자에게 괜히 말을 시키며 친한 척하고 쓰윽, 아는 사람인 척 합류하는 여자들도 있었다. 암표상도 있었다. 중국은 암표상도 버젓이 하나의 직업인 것 같았다.

앞줄에서 일어나는 행태를 바라보며, 우리는 묵묵히 순서가 오기를 기다렸다. 다리가 뻐근해질 때까지 기다리고 나서야 겨우 순서가 왔고, 누가 새치기할세라 작은 창구 앞으로 바짝 붙어서 '베이징'이라고 말했다. 가지고 있는 돈을 탈탈 털어 우리는 6인실 침대칸의 침대 두 개를 예약했다.

기차는 라싸에서 아침 8시 반에 출발했다. 이른 아침부터 기차역은 사람들로 북적이고, 초겨울에 접어든 라싸의 새벽은 매섭도록 추웠다. 예약한 기차의 지정된 칸의 침대에 배낭을 내려놓고, 우리는 망연히 앉아 있었다. 침대에 누우려고 내복만 입고 복도를 왔다 갔다 하는 중국 사람들을 보며 우리는 피식 웃었다. 열차가 출발하자, 우리는 준비해간 사발면에 뜨거운 물을 부어 간단히 아침을 해결했다. 냄새가 조심스러웠지만, 아리랑 식당 아주머니가 싸주신 김치도 꺼내 먹었다. 이 일용할 양식은 48시간 내내 우리의 허기를 채워줄 것이다.

라싸에서 베이징에 이르는 48시간의 기차 여행은 예청에서 알리에 이르는 4박 5일간의 트럭 여행보다 훨씬 지루했다. 기차는 새로 만든 것이라 쾌적하고 유럽 기차의 침대칸을 연상시켰지만, 벌써 우리는 허량 아저씨의 담배 연기 가득했던 비좁은 트럭 안이 더 그리웠다. 기차는 미끄러지듯 달렸고, 눈이 쌓인 티베트의 풍경이 창밖에 펼쳐졌다. 야크 떼가 있었고, 오체투지를 하는 티베트인이 있었고, 드문드문 집들이 있었고, 파란 호수가 있었다.

기차는 거얼무를 지나고 란저우를 지나고, 시안을 지나 베이징 서역에 도착했다. 정확히 라싸를 출발한 지 48시간 후에. 무거운 배낭을 들춰 메고, 우리는 사람들에게 물어물어 지하철역까지 걸었다. 그리고 왕징望京, Wangjing이라는 곳에 위치한 한인 게스트하우스 도미토리에 짐을 풀었다.

여행의 굴곡을 많이 겪고 도착한 우리에게, 베이징은 여행지라기보다는 한국에 가기 전에 꼭 거쳐야 하는 장소에 불과했다. 톈진天津, Tianjin에서 출발하는 인천행 배표를 예약하는 것 외에 우리가 베이징에서 꼭 해야 할 일 같은 건 아무것도 없었다.

나는 베이징에 두 번 와봤지만, 만리장성에도 이화원에도 자금성에도 가보지 못했다. 첫 번째 방문했던 5년 전이나 지금이나 여행 끝 무렵에 도착했던 베이징은 내게 별다른 새로움이 아닌 그저 대도시일 뿐이었다. 5년 전과 지금의 베이징에서 달라진 것은 여자들의 세련됨이었다. 5년 전의 중국 여자들은 정말 촌스러웠다. 원피스에 발목 스타킹을 신고 곱슬머리였던 그녀들은 이제 부츠를 신고 긴 생머리를 휘날리며 걷고 있었다. 오히려 중국 여자들이 촌스러운 나를 보고 흘깃거릴 정도였다.

story # 29

왕푸징의
야시장

베이징 Beijing

    왕푸징王府井, Wangpujing은 한국의 명동 같은 곳이다. 유명한 호텔, 백화점, 레스토랑 등이 밀집해 있고, 골동품을 파는 거리와 꼬치요리를 파는 가판대들이 즐비한 거리가 있다. 유명한 베이징 덕요리는 너무 비싸서 엄두도 내지 못했고, 가족들에게 줄 선물을 사볼까 하고 들른 골동품 거리의 물건들은 터무니없이 비쌌다. 관광객을 겨냥해 3~5배 이상 가격을 높여 부르는 중국 장사꾼들과 흥정을 하는 것도 지쳐서 우리는 구경만 하고 나왔다.

    왕푸징에는 외국인 여행자들이 정말 많았다. 그 중에는 베이징에서 유학중인 한국인들도 많아서 이곳이 한국의 명동인지, 중국인지 구분하기가 어려울 정도였다. 아시아를 횡단하며 가장 문명의 혜택을 누릴 수 있는 곳에 와 있었지만, 이곳에서 편리함보다는 이질감이 먼저 들었다. 사람들의 피부가 뽀얗고 윤기가 도는 것도 적응이 되지 않았고, 옷차림이 너무 세련된 것도, 우후죽순처럼 들려오는 모국어도 적응이 되지 않았다.

　왕푸징의 야시장에는 먹거리로 다양한 꼬치요리를 팔고 있었다. 불가사리, 번데기, 전갈, 그 외에 이름을 알 수 없는 수많은 벌레와 징그러운 것들을 꼬치에 끼워서 팔고 있었다. 직접 사먹는 사람보다는 구경하는 사람이 더 많은 그 꼬치들은 보는 사람을 움츠러들게 했다.

　왕푸징 거리에는 단체로 수학여행을 왔는지 한 무리의 교복을 입은 한국의 여고생들도 있었다. 생전 처음 보는 이상한 곤충 요리들이 즐비한 야시장에서 중국 상인이 징그러운 벌레 꼬치 하나를 집어 소녀들에게 내밀자, 한국인 여고생들은 '까약' 하고 소리를 질렀다. 어쨌든 베이징에는 한국 사람이 많았다. 이제 정말 집이 가까워진 것 같았다.

어쨌든 베이징에는 한국 사람이 많았다.

이제 정말 집이 가까워진 것 같았다.

story # 30

텐진에서의
하룻밤
텐진 Tianjin

    6년 전에 남편은 친구와 함께 인천에서 배를 타고 텐진에 왔다고 했다. 아무 정보도 없어서 배 안에서 만난 보따리장수 아주머니를 졸졸 따라 숙소에 머물렀다고 했다.

    베이징에서 기차를 타고 해가 뉘엿뉘엿 넘어갈 즈음 우리는 텐진에 도착했다. 텐진에서 하룻밤을 보내고 우리는 다음날 아침 인천행 배를 탈 예정이었다. 다사다난했던 여행의 마지막 밤이기도 했다.

    텐진 기차역에 내려 숙소를 찾기 위해 우리는 무작정 걸었다. '저쪽에 불빛이 많이 보이네, 저쪽에 숙소가 있지 않을까?' 라는 무모한 판단으로 걷기 시작했다. 그러나 아무리 걸어도 숙소 같은 건 보이지 않았다. 어둠이 내린 거리를 무거운 배낭을 메고 무작정 걷는 것도 이제 마지막일 테지.

    그렇게 걷다가 발견한 어느 빈관의 간판에 발걸음마저 가벼워져 들어갔지만, 투숙객이 가득 찼다고 했다. 친절한 리셉션 직원은 한국인들이 많이 머무는 호텔이 있는 지역을 알려주며, 택시를 타라고 말해 주었다. 리셉션 직원이 알려준 호텔에 택시를 타고 찾아갔지만, 우리가 갖고 있던 돈으로는 엄두도 낼 수 없는 호텔이어서 나올 수밖에 없었다. 그리고 우리는 다시 무작정 걸었다. 그리고 작고 저렴해 보이는 숙소를 길 건너편에서 찾을 수 있었다.

우리가 머물기로 한 빈관은 새로 칠을 했는지 복도 가득 페인트 냄새가 진동을 했다. 창문은 없었지만, 침대도 깨끗했고 낡은 샤워실도 있었다. 배낭을 내려놓고, 이제는 저녁을 먹으러 나갔다. 가진 돈은 얼마 없었지만 여행의 마지막 밤이니까 우리만의 만찬을 즐기기로 했다. 바다가 가까워 해산물 요리가 많았다. 우리는 삶은 새우와 맥주를 주문했다.

"집에 가니까 좋아?"

"응. 근데 실감이 잘 안나."

"무슨 실감?"

"정말 우리가 여행을 했나 하는 실감."

"아마 한국 돌아가서 바쁘게 직장 생활하다 보면 더 실감이 안 나게 될 거야. 정말 여행을 갔다 오긴 했나 싶을걸."

저녁을 먹고 숙소로 돌아가는 그 길이 나는 싫지 않았다. 어두운 거리를 혼자 걸었다면, 맹렬한 속도로 가끔은 뒤에 누군가가 따라오는지 흘깃거리면서 걸었겠지만, 내 곁에는 든든한 나의 남편이 있었다. 나는 그의 손을 잡고 느리게 걸었고, 텐진의 밤거리를 아무 두려움 없이 바라보았다. 숙소로 돌아오니 다시 복도 가득 페인트 냄새가 났다. 창문도 없는 어두운 방이었지만, 그래도 좋았다. 우리는 둘이니까.

이젠 정말 집에 간다!

story # 31

인천행
배 안에서
인천 Incheon

    톈진에서 인천행 배에 탑승했다. 중국돈 위안도 얼마 없고, 한국돈도 없는 우리는 베이징에서 사 온 한국 라면으로 24시간을 연명해야 하는 처지였다. 그러나 배 안에 탄 순간 매점에서 보이는 과자들. 그리고 식당에서 파는 육개장, 떡볶이, 김치찌개……. 식당 앞을 서성거리며 가진 돈을 모두 긁어모았다. 간신히 떡볶이 1인분을 시키고 돈이 조금 남아 공깃밥 하나를 추가했다. 남은 떡볶이 양념 국물에 공깃밥을 비벼 먹었다. '김치도 조금 주시면 안 되나요? 하고 불쌍한 표정을 지어 김치도 조금 얻어 먹었다.

    그러나 그것으로는 양이 차지 않았다. 우리는 가진 돈이 똑 떨어진 상태였다. 인천에 도착하면 모든 것을 교통카드 기능이 있는 신용카드 한 장에 의지해서 집에 가야 하는 형편이었다.

    그때 우리 앞에 다가온 아주머니 한 분. 보따리장수인 듯한 아주머니는 요즘은 단속이 심하다며 면세품만 대신 들고 이민국을 통과해달라고 부탁했다. 담배와 양주를 대신 들어주면 우리 둘에게 수고비는 합해서 3만 원이라고 했다. 떡볶이 1일분과 공깃밥 하나로는 아직 배가 차지 않은 우리는 아주머니의 제안을 승낙할 수밖에 없었다.

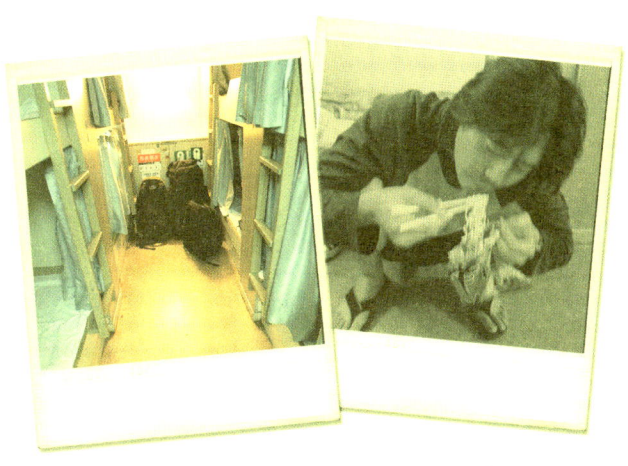

'저 죄송한데요, 3만 원 미리 주시면 안 되나요? 저희가 배가 고프거든요.'라고 부탁을 했더니 아주머니는 그 자리에서 3만 원을 주셨다. 그 돈을 들고 우리는 식당으로 가서 육개장을 먹을까, 제육볶음을 먹을까 즐거운 고민을 했다. 그리고 나는 신이 나서 근 1년 만에 영화잡지를 샀다. 보고 싶은 영화가 산더미같이 쌓였다.

일상으로 돌아가면 나는 평일 오전에 혼자 영화관에 가겠지. 가을이면 삼청동으로 출사를 갈 것이다. 좋아하는 작가의 신간을 신이 나서 살 것이고, 친구들과 스파게티를 먹으며 수다를 떨 것이다. 여행 동안 살이 쪄서 맞는 옷이 별로 없을 것이 뻔하므로, 다이어트도 하겠지. 오랜만에 마주하게 될 나의 일상도 나쁘지 않을 것 같았다.

그리고 놀라운 것은 남편은 6년 전에, 그리고 나는 5년 전에 텐진에서 인천으로 가는 배를 탄 적이 있었는데, 그때 만나서 물건을 대신 운반해주고 수고비를 받았던 보따리장수 아주머니와 아저씨를 거기서 다시 보았다는 것이었다. 그들의 얼굴에는 5년 또는 6년이라는 세월의 흔적이 더 남았지만 우리는 그들을 알아볼 수 있었다. 그들은 아직도 인천과 텐진을 오가며 보따리장사를 하고 있었다.

배를 타고 이동하는 것에 이력이 난 그들이 모여 앉아 대화를 나누는 것을 우리는 우연히 듣게 되었다. 사업에 실패하고, 또는 더 이상 잃을 것이 없는 상황에서 시작했던 이 일에 대해 그들은 이야기하고 있었다. 시작한 지 얼마 되지 않은 신참에게 고참들이 들려주는 이야기들도 있었다. 그들은 인천에 도착하면 집으로 돌아가는 것이 아니라 마중 나온 일행에게 물건을 건네주고 바로 톈진행 배에 오르는 것 같았다. 이 배 안에서의 시간이 그들에게는 일상이나 다름없었다.

여행은 일상에서의 탈피이며, 재충전의 시간이다. 그러나 여행이 장기화되면 짐을 싸고, 이동하고, 다시 새로운 숙소를 잡는 것이 일상이 된다. 여행이 일상처럼 느껴지는 순간이 오면 우리는 고국에서의 진짜 일상을 그리워하게 된다. 반복된다는 것은 싫증난다는 의미이며, 우리는 다시 새로운 일상을 꿈꾸게 된다. 여행이 일상이 된 우리에게는 가족과 함께 시간을 보내고, 직장에 다니는 진짜 일상이 새로움으로 다가올 것이다. 지긋지긋하게만 느껴지던 일상을 그리워하게 하고, 다시 한 번 잘 해보자고 의욕을 불어넣어 주는 것은 여행이 주는 가장 큰 의미이다.

드디어 텐진을 출발한 지 24시간 뒤에 인천에 도착했다. 우리는 버스를 타고 동인천역에 도착했고, 수원역까지 길고 긴 1호선을 탔다. 오랜만에 타는 한국의 전철 안 풍경은 익숙하면서도 낯설었다. 사람들은 표정이 없었고, 옷차림은 깨끗했으며, 젊은 사람들 중에는 핸드폰으로 텔레비전을 보는 이도 있었다. 그런 풍경은 낯설게 느껴졌다.

시댁은 수지에 있어서 우리는 수원역에서 수지로 가는 버스를 탔다. 해가 짧아진 초겨울 저녁 풍경이 버스 밖으로 지나간다. 그리고 우리는 버스 정류장에 내렸다. 부모님은 전화 연락이 되지 않는 우리를 한 시간 넘게 버스 정류장에서 기다리고 계시다가 남루한 차림의 우리를 먼저 알아보시고 얼싸안아주셨다. 아버님을 얼싸안는데 눈물이 나왔다.

'아, 가족이란 정말 좋은 것이구나. 우리는 정말 집에 왔구나.'

그렇게 우리는 집에 도착했고, 실컷 먹었다.

그리고 8개월간의 여행 보따리를 다 푸는 데는 여러 날이 걸렸다.

His Story

남편 웅기의 동유럽 여행기

동유럽은 서유럽에 비해
다소 어둡고 낙후된 느낌이었지만
때때로 내가 동화책이나 세계사 책의
한쪽에 서 있는 느낌이 들 만큼
이국적이고 아름다웠다.

그러나 내게는,
여행은 어디를 가느냐도 중요하지만
누구와 함께하느냐가
더 중요하다는 것을
뼈저리게 느낀 시간이었다.

설렘은
두려움으로,
두려움은
그. 리. 움. 으로

    연애기간이 짧았던 우리가 장기간의 배낭여행을 함께한다는 것은 쉬운 일이 아니었다. 여행을 좋아한다는 공감대는 있어도, 여행하는 방식이나 여행 중에 보고 싶은 것이 달랐던 우리는 남미여행을 함께 하면서 의견 충돌도 적지 않았다. 여행을 떠나기 전에는 사랑하는 사람과 함께 떠날 수 있다는 생각에 고무되었지만, 장기간의 배낭여행은 현실이 되어 있었다. 짐을 꾸리고 다시 짐을 푸는 일이 반복되면서 숙소를 고르고 여행 경비를 아끼며 식사를 하고, 다음 여행지를 결정하는 등의 반복적인 일상이 종종 말다툼으로 번지기 시작했다.

    남미여행을 마치고 불가리아에 왔을 때는 혼자만의 시간을 갖고 싶다는 생각이 스멀스멀 고개를 들었다. 때마침 동유럽을 거쳐 러시아로 가서 시베리아 횡단열차를 타고 싶은 내 생각과 터키를 거쳐 중국으로 마무리되는 아시아 횡단을 원하는 정현이의 의견이 엇갈리면서 우리는 각자의 여행을 해보자는 데 의견을 모았다. 서로의 여행을 존중하고, 각자의 여행을 통해서 갖는 새로운 느낌들을 갖자는 것이었다.

남편 웅기의 동유럽 여행기

"각자의 여행도 존중받아야 한다고 생각해. 그럼 각자 여행을 하고, 집에서 보는 걸로 하자."

이렇게 의견을 모은 우리는 여행 경비를 반으로 나누고, 적어도 3일에 한 번은 이메일을 체크하기로 약속했다. 혼자 하는 여행은 어떤 느낌일까? 결혼 후 지금까지 해온 모든 여행은 함께 고민하고, 함께 생각하고, 함께 결정했는데 나만의 생각과 결정으로 자유롭게 여행하고 싶은 마음에 결정한 각자의 여행은 나에게 무얼 가져다줄까? 소피아역으로 향하는 길은 이런저런 호기심과 설렘으로 가득 차 있었다. 미리 예약해 둔 우크라이나 키예프Kiev행 기차 시간이 조금씩 다가오며, 우리 부부가 헤어질 시간도 가까워지고 있었다.

드디어, 기차가 소피아역에 도착했다. 기차표를 검사하는 직원, 밖에서 손을 흔드는 정현이, 기차 안에 올라와 창밖을 물끄러미 바라보는 나……. 이 모든 것들이 연출되어진 상황처럼 실제 같지 않은 느

낌이 들었다. 마치 잠시 후 다시 함께 게스트하우스로 돌아가 기차역에서의 재미있었던 사진놀이를 떠올리며 맥주 한 잔으로 하루를 마감할 것처럼……. 하지만 경적소리가 울리며 기차는 조금씩 움직였고 정현이와 나는 조금씩, 조금씩 멀어져갔다.

믿기지 않았지만 각자의 여행은 현실이 되었고, 이제부터 나 혼자만의 여행이 시작되었다. 한참 동안 어리둥절해서 어떻게 어디서 무얼 해야 할지 무척 난감했다. 항상 함께하던 부부가 반쪽이 되어 나 혼자의 여행을 떠난다니. 하나에서 반이 되어버린 느낌이 아니라, 아무것도 아닌 느낌이 들었다. 혼자 하려 했던 여행의 설렘과 두근거림은 조금씩 두려움과 무의미로 변하고 있었다.

2박 3일간의 기.차.여행

정현이와의 헤어짐이 조금씩 실감이 나기 시작하면서, 조금씩 주위를 살펴보기 시작했다. 내가 탄 기차는 불가리아 소피아Sofia를 출발해 최종 목적지인 우크라이나의 수도 키예프로 가는 기차였다. 두 명씩 위아래로 총 네 명이 누워 갈 수 있는 이 기차는 기적소리를 내며 우크라이나 키예프를 향해 2박 3일간의 긴 여정을 출발하고 있었다.

내가 탄 칸에는 40대로 보이는 우크라이나 여자 한 명과 50대의 불가리아 아주머니와 열 살 정도 되어 보이는 사내아이가 있었다. 처음에는 서로가 어색해서 많은 이야기를 나누지는 않았다. 나 역시 위쪽 침대칸에서 음악을 듣거나 여행 책자를 보면서 어떻게 여행할지를 생각하며 필요한 여행 정보를 보고 있었다. 하지만 2박 3일은 결코 짧은 시간이 아니었다. 밤 시간은 그냥 자면 몇 시간이 훌쩍 지나가지만, 낮에는 정말 할 일이 많지 않아 자연스레 한 칸에 있던 우리 네 명은 이야기를 주고받게 되었다. 50대 불가리아 아주머니는 나와 영어로, 40대 우크라이나 여성은 50대 불가리아 아주머니와 러시아어로, 나와 우크라이나 아줌마는 짧은 우크라이나어(여행 책 뒤에 있는 기본적인 단어들)로, 10살짜리 사내아이와 나는 그림으로 서로 의사소통을 했다.

둘째 날 오후부터 어느 정도 친해진 우리 넷은 서로 음식들을 품앗이하듯이 나누어주고, 서로 먹어보라며 마치 친한 친구처럼 서로를 챙겨주기도 했다. 아버지를 보러 우크라이나 키예프로 가는 불가리아

모자와, 불가리아인 남자친구를 만나고 안 좋게 헤어져 다시 우크라이나로 돌아가는 우크라이나 여자, 그리고 배낭여행 중인 나. 이렇게 네 명은 공통된 언어 없이 보디랭귀지와 그림, 그리고 짧은 영어와 때론 서로의 자국어로 서로에 대한 궁금한 이야기와 속내를 조금씩 풀어내기 시작했다. 소중히 아끼던 내 여행용 시계를 유난히 신기해하던 꼬마친구에게 선물로 줬더니, 너무나 고마워했다. 역시 선물은 받는 즐거움보다는 주는 즐거움인가보다. 시계 선물을 계기로 꼬마친구와 더욱 친해졌다. 이런저런 이야기를 하다 지칠 때면, 말없이 바깥풍경을 쳐다보며 각자만의 생각에 빠져들기도 했다.

특히, 루마니아를 지날 때의 풍경은 너무나 아름다웠다. 넓디넓은 평야에 노을이 지고, 남루한 차림에 하루의 일을 끝내고 집으로 돌아가는 듯한 그네들의 모습은 평범한 일상의 그리움을 떠올리게 해주었다. 한 폭의 그림과 같은 모습. 그렇게 2박 3일의 기차여행이 끝나 우크라이나 키예프에 도착할 무렵, 우리는 서로 헤어지기 아쉬워 서로의 주소와 이메일 주소를 알려주며 연락하며 지내자고 마음을 담은 약속을 했다.

새로운 만남과 헤어짐, 그리고 또 다른 만남. 비단 여행만이 주는 매력일뿐만 아니라, 우리네 인생도 마찬가지가 아닐까 하는 철학적인 생각도 해보게 되었다. 그들과의 2박 3일 기차여행은 나에게 또 다른 여행의 재미를 선사해 주었다.

우크라이나에서 만난 태.국.인. 친구

우크라이나 키예프에 도착했다. 그토록 와보고 싶었던 구소련의 문화가 남아있는 우크라이나였다. 막상 도착하고 나니 신기함은 더욱 더 커졌다. 다행히 얼마 전 한국의 국무총리가 이곳을 방문해 단기 무비자 혜택을 만들어 놓았기에 우크라이나 방문이 가능했다. 텔레비전에서 해외소식을 전하는 해외뉴스 안에 내가 들어온 듯한 느낌이었다. 파란 눈의 건장한 체구, 날씬한 선남선녀들이 거리를 활보하고 있었고, 예상보다 세련되고 고급스런 차들은 금방이라도 박물관에서 튀어나온 듯한 클래식한 차들과 뒤죽박죽 섞여 도로를 질주하고 있었다. 가보지 않은 러시아의 축소판처럼 느껴지기도 했다.

미리 예약해둔 한인 민박 아저씨의 픽업을 받아 숙소에 도착해 짐을 푼 후, 우크라이나를 즐기기 위해 밖으로 나왔다. 키예프의 중심가와 구석구석을 돌아다녔다. 모든 거리의 간이매점에는 음료수 냉장고가 두꺼운 쇠사슬로 묶여 있어, 내가 원하는 음료수를 사려면 매점주인에게 손짓으로 음료를 마시는 흉내를 내야했다. 광장에는 수많은 젊은 연인들과 가족단위의 사람들이 주말을 여유롭게 즐기고 있었다. 나도 그들 속에 섞여, 비록 혼자였지만 신나게 거리를 활보하며 우크라이나를 즐겼다.

때로는 카페에 앉아 시원한 생맥주로 목을 축였고, 나와 따로 여행 중인 정현이에게 우크라이나 느낌을 글로 표현하기도 했다. 그리고 여유롭게 광장의 한편에 앉아 지나가는 사람들의 모습을 관심 있게 쳐다보기도 했다. 조금씩 어둑어둑 해질 무렵 아시아인 한 명이 내 곁에 다가와 어디에서 왔느냐고 물었다. 한국에서 왔다고 했더니, 반갑다며 자기를 소개한다.

그의 이름 낫타퐁Nattapong이고, 38세의 태국인이었다. 식당 주방장으로 돈을 벌기 위해 태국에서 이역만리 떨어진 이곳 우크라이나까지 온 그는, 단지 이곳에서 보기 힘든 아시아인이라는 이유만으로 반가워하며 나에게 말을 걸어온 것이었다. 어느 정도 영어가 통했던 우리는 사막에서 오아시스를 만나 갈증을 해소하 듯 이런저런 이야기를 나누었다. 우크라이나에서 주방장으로 생활하며 느끼는 애환과 고충들을 이야기하다 조심스럽게 꺼낸 낫타퐁의 지갑 속에는 태국에 두고 온 아내와 4살 된 딸아이의 다정한 모습의 사진이 있었다. 그의 지갑 속의 가족사진을 보니 지금 터키를 여행 중인 정현이가 떠올랐다. 헤어진 지 며칠 되지도 않았는데······.

낫타퐁은 가족들이 너무 보고 싶다며, 다음 달에 우크라이나를 방문하는 아내와 딸이 너무나 기다려진다고 했다. 또 우리 부부의 여행에 대해 들려주니, 신기해하고 대단하다며 이번 여행에 태국에 갈 계획이 있다면 아내에게 이야기해둘 테니 자기의 집에 꼭 들러 쉬고 가라고 말했다.

만난 지 한 시간도 안 되어 자신의 집주소를 적어주며, 본인도 없는 집에서 푹 쉬고 가라고 말하는 인심 좋은 이 사람.

잘 알고 있는 음식점이 있다며 나를 끌고 가 우크라이나에 대해, 가족에 대해, 그리고 일의 고달픔에 대해 이야기하던 그 사람.

가족을 그리워히는 마음과 단지 아시아인이라는 이유만으로 쉽게 친구가 되어버린 낫타퐁과 나.

그렇게 우크라이나의 첫날밤이 지나가고 있었다.

더 이상
참을 수 없는
그. 리. 움.

    우크라이나의 여행이 끝난 후 발트 3국Baltic states인 리투아니아Lithuania, 라트비아Latvia를 거쳐 에스토니아Estonia에 도착했다. 고등학교 지리책에 나오던 발트 3국을 직접 내 발로, 내 눈으로 느끼고 본다는 사실이 너무나 신기하고 또 신기했다. 각국은 저마다 조금씩 다른 문화와 언어를 가지고 있었다.

    리투아니아는 약간의 사회주의 모습이 남아 있었고, 라트비아는 전통의 문화를 가지고는 있으나, 경제적으로 낙후된 부분이 눈에 띄었다. 에스토니아는 유럽의 수많은 관광객이 방문하는 곳으로, 특히 올드타운은 예전의 모습을 그대로 잘 간직하고 있어 많은 관광객과 젊은 배낭여행객들이 거리를 활보하고 있었다.

    에스토니아 여행 중 호스텔의 로비에 에스토니아의 수도 탈린Tallinn 근교에 있는 몇몇 가볼 만한 곳에 대한 광고지가 보였다. 그 광고지 안에 유난히 눈에 띄는 한 섬이 있었다. 탈린에서 버스를 탄 채 배를 타고 가는 네 시간 거리의 섬 사아레미Saaremaa. 여름에는 에스토니아 국민의 휴양지로 널리 알려진 곳이지만, 지금은 한여름이 지나고 가을로 가는 시즌이었다.

남편 웅기의 동유럽 여행기

한가한 휴양지를 느끼고 싶었다. 무작정 짐을 싸고 광고지 하나 들고 이 섬으로 갈 수 있는 버스터미널로 향했다. 버스 안에서 목적지를 향해 가고 있는 동안 아름다운 에스토니아 탈린 근교의 모습을 볼 수 있었다. 한 시간 넘게 갔을까? 버스가 배 안으로 들어갔고, 그 배는 다시 30분 이상 어느 바다를 건넜다. 다시 버스는 배를 빠져나와 한두 시간쯤 달려 시골 버스터미널 같은 곳에 나를 내려 주었다.

버스 안에 있던 에스토니아 인들은 모두 각자 자기의 갈 곳을 향해 갔지만, 막상 섬에 도착한 나는 덩그러니 혼자 남아 어디로 가야힐지 막막하기만 했다. 광고지를 잘 살펴보다 가장 저렴한 캠핑장이라는 문구가 눈에 띄었다. 이곳에서 숙박을 해야겠다 생각하고, 주위에 지나가는 현지인을 붙잡고 캠핑장으로 가는 길을 물으니 택시를 타고 가야힌다고 한다. 택시를 타고 도착한 캠핑장. 역시 성수기가 지난 시즌이라 그런지 사람들은 그리 보이지 않는다. 오히려 그런 호젓함이 좋아 캠핑장 로비에 들어가 방을 달라고 하고 이런저런 것들에 대해 물었다. 해변은 얼마나 떨어져 있는지, 몇 시에 체크아웃을 해야 하는지, 몇 개의 캠핑 숙소가 있는지 등등……. 친절한 직원은 자세하게 나의 질문에 대답해주고 마지막에 충격적인 한마디를 건넸다.

"지금 120여 개의 캠핑장 숙소에는 손님이 오직 당신 한 명뿐이네요."

그 말을 들었을 때는 그리 대수롭지 않게 생각했다. '아, 이것이 정말 여행의 낭만이지. 그래, 오늘 진정한 자유를 느껴보는거야!'라고만 생각했다. 리셉션에서 열쇠를 받아들고, 내 캠핑숙소 번호가 적혀있는 숙소를 찾아가 짐을 풀고 오늘 이곳에서 어떻게 자유를 즐길지 고민하기 시작했다. 일단 근처 바닷가를 거닐며 구경을 하기 시작했다.

한 10분 정도 지났을까?
생전 처음으로 느끼는 이 무료함. 허탈함. 처량함.

한 20분 정도 지났을까?
난 여기에 왜 왔을까? 난 여기에서 무얼 하고 있는 걸까?

한 30분 정도 지났을까?
오늘 여기에서 난 뭘 하며 긴 하루를 보내야할까?

고민이었다. 다시 숙소로 돌아가 멍하니 한 시간 정도 보내다 밖에 나와 정말 나 혼자 여기에 있는 게 맞는지 캠핑장 곳곳을 돌아다니기 시작했다. 정말 나 혼자였다. 이 쓸쓸함과 고독함은 말로 형용할 수 없는 것이었다. 나 말고 단 한 사람만이라도 이 캠핑장에 있었다면 이렇게 처절하게 외롭지는 않았을 텐데……. 시간이 더디게 흘러간다.

배낭에 있던 『연금술사』란 책을 꺼내 읽기 시작했다. 아무도 없는, 정적이 흐르는 캠핑장 안에서의 독서는 또 다른 느낌을 선사했다. 책 속의 주인공처럼 지아의 신화를 찾아 이곳 캠핑장에 온 것 같은 생각이 들었다. 시간이 흘러 어둠이 찾아왔다. 밖으로 나가보니 한치 앞도 보이지 않는 칠흑 같은 어둠뿐이었다. 다시 숙소로 돌아와 오지도 않는 잠을 청하며 불을 껐지만, 정신은 점점 또렷해진다. 다시 불을 켜고 일기장을 꺼내 아내에게 글을 썼다.

오늘은 탈린을 벗어나 약 4시간 이동을 해서 에스토니아 어느 섬의 캠핑장에 왔어. 이곳에 오니 콜롬비아의 국립공원이 생각나네. 도착했을 때가 오후 5시, 해변에서 약 500미터 정도 떨어져 있고, 마치

삼림욕장에 온 것처럼 높은 나무들이 있어 맑은 공기를 느낄 수 있어. 하지만 한 가지 문제는 120여 개나 되는 별장 같은 오두막 숙소엔 나를 제외하고는 어떤 누구도 없다는 거지. 그래서 바람이 불 때면 으스스한 느낌도 들어.

지금은 성수기가 끝나 아무도 없어. 무작정 탈린을 벗어나고자 했던 내가 조금은 어리석게 느껴지기도 했지만 정말 낯선 사람 하나 없는 처절한 외로움도 좋은 경험인 것 같아. 아무도 없는 캠핑장. 아무도 없는 해변. 아무도 없는 이곳…….

아마도 우리 둘이 왔으면 아무도 없어서 더 신났겠지? 오두막같이 생긴 이 캠핑장 숙속 앞에서 음악을 틀어놓고 함께 따라 부르면서 이런저런 이야기도 나누고, 바닷가에 담가놓은 시원한 맥주로 목도 축이고, 두 손 꼭 잡고 해변도 거닐고…….

하지만 지금은 나 혼자. 철저하게 나 혼자네.

어제 호스텔에서 아프다는 메일을 받고 얼마나 걱정했는지 알아? 가뜩이나 당장에라도 달려가고 싶은 마음이 굴뚝같은데, 아프다고 하면 내 마음이 더 힘들잖아. 음식을 잘못 먹어서 그런 건지, 아님 물갈이를 하는 것인지, 약은 챙겨 먹었는지…….

몸을 추스르면 넌 다시 여행을 시작하겠지?

네가 원하면, 네가 하고 싶으면 넌 꼭 해냈잖아.

함께였으면 얼마나 좋았을까?

함께였으면 얼마나 행복했을까?

괜한 낭만 때문에 각자의 여행을 선택해 이렇게 고통스러운 시간을 보내고 있는 내가 왜 이리 원망스러운지……

오늘도 이렇게 보고픔과 외로움은 재회의 순간에 더욱더 값진 가치를 위해 조용히 삭혀야겠지. 지구의 같은 하늘 아래에 함께 있다는 걸 위로 삼으면서…….

그렇게 보고픔과 외로움의 하루를 보내고, 다음날 아침 일찍 나는 짐을 싸서 다시 탈린으로 돌아가기 위해 버스터미널로 향했다. 사람이 그리웠다. 버스 시간이 남아 이메일을 체크하기 위해 터미널 근처 인터넷 카페에 들렀다. 정현이의 메일 한통이 도착해 있었다. 메일 안에는 현재 터키에서 머물고 있는 숙소의 전화번호도 함께 있었다. 전화번호가 보이는 순간, 정현이의 목소리가 너무나 듣고 싶었다.

손바닥에 숙소 전화번호를 적고, 나는 급히 터미널로 달려가 터미널 안에 있는 매점에서 국제전화카드를 사서 손바닥 위에 적힌 번호를 꾹꾹 눌렀다. 몇 번의 신호음이 지나고 한국 사람의 목소리가 들렸다.

"저, 숙박 손님 중에 정현이라는 사람 있으면 바꿔주시겠어요?"
"네, 잠시만요."

몇 초의 시간이었을까? 심장이 터질 것 같은 느낌이었다. 따로 헤어져 각자 여행한 지 불과 2주가 지났을 뿐인데 이렇게 그리운 건 왜일까? 잠시 뒤 정현이의 목소리가 들렸고, 상당히 어색한 대화가 이어졌다.

"아프다며……?"
"응, 조금씩 나아지려고 해. 잘 지내?"
"어……. 아니, 잘 못 지내."
"왜?"
"보고 싶다……. 넌?"
"나도……."

묻고 싶은 하나의 질문이 있었다. 말하고 싶어서 목 끝까지 차올랐지만 쉽게 나오진 않았다. 하지만 이렇게 연결된 통화인가. 용기를 내어 물었다.

"나 너와 함께 여행을 마치고 싶어."
"어? 그럼 시베리아 횡단열차는?"
"너 없는 시베리아 횡단은 의미가 없을 것 같아. 너만 괜찮다면 나 다음 주에 러시아비자가 나오니까 러시아에서 터키로 갈게. 이란으로 이동하지 말고 조금만 날 기다려줘."

결국 정현이는 내가 터키로 갈 때까지 기다리겠다고 약속해 주었다. 지금까지 혼자만의 여행은 아무리 좋은 곳도, 아무리 맛있는 음식도 나의 만족을 채워주지 못했다. 바로 이 사람. 이 사람이 없으면 어디를 가도 무엇을 해도 의미가 없다는 걸 새삼 느끼게 되었다. 이젠 내 인생의 반쪽이 있는 터키로 날아갈 일만 남았다.

에스토니아에서
듣게 된
'서.른. 즈음에'

　　사아레마 섬에서 탈린으로 돌아와 러시아 비자를 기다릴 무렵, 게스트하우스의 부엌에서 한국인을 우연히 만났다. 나에게 가볍게 'Good morning.'하며 인사를 하는 그가 한국인 같아 보여 나는 그에게 영어 대신 '안녕하세요.'라고 답했다. 나를 일본인으로 알고 있던 그의 이름은 성현이었다. 육로로 연변을 거쳐 이란, 파키스탄, 유럽을 여행 중이었다. 서로의 여행에 대해 이야기하고 있을 때, 다시 한국인 여자가 합류했다. 그녀 이름은 슬기, 영국에서 어학연수를 마치고 유럽을 여행 중이라고 했다.

　　이렇게 우연히 만난 우리 셋은 함께 에스토니아 탈린의 민속촌을 가기로 했다. 버스를 타고 물어물어 찾아간 민속촌에는 단지 몇 명의 관광객들만 있었다. 여행을 좋아하는 우리 셋은 자연스레 서로의 여행 철학에 대해 이야기를 풀어갔다.

　　성현이는 참 재미있는 친구였다. 여행에 대한 준비 없이 무작정 여행길을 떠나 중국, 동남아시아, 인도, 파키스탄, 터키, 이란, 요르단, 시리아, 이집트, 이스라엘을 거쳐 서유럽에서 동유럽, 그리고 지금의 발트 3국 그리고 러시아의 시베리아 횡단열차를 타고 몽골을 거쳐 중국에서 한국으로 들어갈 계획을 하고 있었다. 특히 흥미로운 것은 돈이 떨어질 때쯤엔 사람들이 많이 모인 곳에서 오카리나Ocarina 연주로 끼니를 연명했다는 이야기였다. 진정한 여행의 참맛을 간접적으로 느낄 수 있었다.

어학연수를 마치고 100일간의 유럽여행을 시작한 지 얼마 안 된 슬기는 주로 어학연수를 하며 함께 보낸 홈스테이 맘을 무척이나 그리워했고, 앞으로 시작할 다른 여러 나라에 대해 호기심과 궁금증으로 가득 차 있었다. 나와 정현이의 부부여행에 대해서는 특히 따로 여행 중인 당당한 여행자 정현이에게 많은 호기심을 나타냈고, 본인들도 나중에 결혼하면 이렇게 부부여행을 떠나고 싶다며 우리 부부의 여행에 대해 무한한 부러움을 드러냈다.

그렇게 동생들과 나눴던 수많은 이야기와 서로의 생각에 대한 토론은 내게 다시 한 번 여행의 값진 의미를 되새기게 해주었다. 조금씩 서로를 알아갈 때쯤 주위가 어두워지고 갑자기 소나기가 내리기 시작

했다. 우리는 민속촌의 처마 밑으로 다급히 몸을 피하고 소나기가 멈추기만을 기다렸지만, 비는 쉽게 그칠 것 같지 않았다. 그때 성현이가 들고 다니는 낡은 바랑 속에서 오카리나를 꺼내며 내게 이렇게 말했다.

"형, 형을 생각하니 갑자기 이 노래가 생각나네. 형을 위해 연주할게"

성현이는 김광석의 '서른 즈음에'를 오카리나로 근사하게 연주해 주었다. 평소에도 좋아하던 '서른 즈음에'를 낯선 장소에서 오카리나 연주로 듣는 것은 가슴 속에 잔잔한 파장을 일으켰다. 노래 가사가 마치 나의 이야기를 하는 것처럼 가슴속을 후벼 파고들었고, 나도 모르게 눈가가 파르르 떨리며 내가 살아온 날들, 내가 살아가야 할 날들이 오버랩되고 있었다.

에스토니아의 낯선 곳에서 '서른 즈음에'의 선율이 빗소리를 따라 아름답게 퍼져가고 있었다. 비는 연주가 끝나고도 한동안 그치지 않았다.

상트페테르부르크에서
이.스.탄.불.로

    드디어 열흘 만에 러시아 비자가 나오고, 러시아로 가는 야간버스를 탄 후 상트페테르부르크Saint Petersburg로 이동했다. 아침에 도착한 러시아는 또 다른 느낌이었다. 여행 전 25)스킨헤드Skinhead족들의 무차별한 이방인 공격 뉴스를 봐서 그런지 조금은 두려운 마음도 있었다. 다행히 먼저 러시아에 와있던 성현이가 마중 나와 안전하게 숙소로 이동할 수 있었다. 숙소에 짐을 풀자마자, 터키로 가는 비행기 티켓을 사러 여행사를 돌아다녔다. 만만치 않은 비행기 값에 어느새 내 지갑은 텅 비어 버려, 정현이를 만날 때까지 끼니나 때울 수 있을지 걱정됐다.

    하루 동안이지만 러시아를 느껴보려고 여기저기 돌아다녔다. 하지만 머릿속은 내일 터키로 날아갈 생각으로 가득 차서 멋진 러시아의 건축물이나 사람들의 모습은 그다지 감동적이지 못했다. 피의 사원Cathedral of the Resurrection of Christ 앞에서 만난 러시아 친구는 동양인인 내가 신기했던지 짧은 영어로 이런저런 질문을 해왔다. 나는 책을 뒤적여 짧은 러시아어로 그의 질문에 친절히 대답해주었다. 한 시간을

---

25) **스킨헤드(Skinhead) 족**은 1960년대 후반 영국에서 처음 등장한 말로 머리를 빡빡 민 백인 우월주의자들을 말한다. 이들은 이민 온 사람들이나 동양인, 흑인 등 유색인종을 처단해야 할 존재로 여겨 폭력을 일삼는 과격한 인종주의자들이다.

그렇게 얘기를 나눴다. 헤어질 시간이 되자, 그 친구는 가방 속에서 책 한 권을 꺼내 나에게 주며 이렇게 말했다.

"네가 이 책을 이해할 수 있을 때 아마 우린 좀 더 많은 이야기를 나눌 수 있을 거라 생각해. 건강히 여행 잘 마치고 기억에 남는 행복한 여행이 되렴."

그 아이와 작별인사를 하고 이해할 수 없는 러시아어가 빼곡한 책은 무슨 내용인지도 모르지만, 낯선 나라에서 누군가에게 선물을 받았다는 기쁨에 내 배낭 한쪽에 넣어두었다.

다음날, 드디어 정현이가 있는 터키로 가기 위해 공항으로 향했다. 조금은 여유 있게 도착하기 위해 서둘러 짐을 꾸리고, 지하철역으로 향했다. 지도에 나와 있는 공항으로 찾아가기 위해 문자라기보다는 그림으로밖에 보이지 않는 러시아어를 나름대로 대조하며 지하철에 올라탔다. 한 시간쯤 달렸을까, 공항이라고 생각한 지하철역에 내려 밖으로 나가보니 뭔가 이상한 느낌이 들었다. 다시 지도를 들여다

보고 공항으로 가기 위한 지하철역이 맞는지 문자가 아닌 그림과 그림을 비교해보기 시작했다.

'이런 제길! 반대방향으로 왔다.' 시계를 보니 공항에 도착해야 할 시간이 한 시간 남짓밖에 없다. 큰일 났다. 일단 다시 지하철로 내려가 지나가는 러시아 아주머니에게 보디랭귀지(비행기 날아오르는 모습)와 지도 속의 지하철역을 가리켰더니 친절하게도 방향을 알려주신다. 이번에는 제대로 지하철을 타고 공항으로 향하며 오만가지 잡생각이 들었다.

돈도 없는 이 상황에서 비행기마저 놓쳐버린다면, 난 어떻게 해야 하니. 국제 미아가 되어버리는 건 아닌지, 내일모레 만나기로 했는데 오지 않는 남편이 어떻게 됐는지 정현이가 걱정하지 않을지……. 이런저런 불안한 생각과는 달리, 다행히 탑승 10분 전에 공항에 도착했다. 번개 같은 속도로 탑승 체크인을 하고 수하물을 부치고, 간신히 비행기에 올랐다.

온몸은 땀으로 범벅이 되어있었지만, 다행히 비행기를 놓치지 않았다는 안도감과 이틀 후면 정현이를 만난다는 기대감이 나를 기분 좋게 해주었다. 비행기가 드디어 이륙했다. 창문 아래로 보이는 흑해의 모습은 너무나도 아름다웠다.

해가 질 무렵 도착한 터키의 이스탄불은 눈에 들어오지도 않았다. 빠른 시간 내에 카파도키아에 있는 정현이를 만나러 가기 위해 어떻게 이동해야 할 것인지가 온통 나의 관심사였다. 나는 현금 자체가 바닥난 상황이라 앞으로 1박 2일 동안 버스비를 제외하고, 우리나라 돈으로는 3,000원 정도로 버텨야 하는 상황이었다.

이스탄불공항에서 지하철을 타고 앙카라로 가기 위해 버스터미널 근처에 도착했을 때는 축구 경기가 끝난 직후였는지, 훌리건 같은 사람들 여러 명이 노래를 부르며 깃발을 흔들고 기뻐하며 축제분위기를 만들고 있었다. 잠시 구경을 하다 정신을 차리고, 앙카라행 버스를 탔다. 저녁에 출발한 앙카라행 버스는 다음날 아침에 도착했고, 다시 괴레메(카파도키아)행 버스를 타고 일곱 시간 가까이 이동을 했다. 내리쬐는 햇살, 터질 듯한 갈증과 허기. 하지만 곧 있으면 정현이를 만날 수 있다.

정현이를 다시 만나기 위해 에스토니아의 사아레마 섬에서 탈린으로, 다시 상트페테르부르크로, 그리고 비행기를 타고 이스탄불로 다시 또 앙카라로 그리고 지금 괴레메(카파도키아)로……. 약 일주일간의 시간과 장거리 이동의 피로도 재회의 기대감을 이길 수는 없었다. 드디어 괴레메의 버스터미널에 도착하고 저기 먼발치에 나를 마중 나와 있는 정현이의 모습이 보인다.

'정현아! 나 이제 알았어. 네가 없는 여행은 내겐 아무 의미 없다는 걸. 이제 나와 또 다른 여행의 시작을 함께하자! 사랑해.'

Epilogue
여행 그 후, 나는 충분히 행.복.하.다.

쌀이 떨어져서 당혹스러운 적이 있는가. 부모님 슬하에 있을 때에는 상상도 못해본 일이 우리에게 벌어졌다.

여행에서 돌아오고 처음에는 시댁과 친정을 오가며 쌀과 김치, 밑반찬 등을 얻어다 먹었다. 그러던 어느 날 쌀이 떨어지고 말았다. 가진 현금이 한 푼도 없어서 신용카드를 들고 마트에 가서 10kg짜리 쌀을 사들고 오는데, 안 먹어도 배부른 느낌을 그때 절실히 알았다. 쌀통에 쌀이 차니 그리 배부를 수가 없었다.

여행에서 돌아와서 우리는 백수였고 돈도 없었지만, 부모님께는 절대 손을 벌리지 말자고 다짐했다. 남편은 열심히 이력서를 넣기 시작했고, 나는 아르바이트를 하기도 했다.

그러나 여행에서 돌아와 다시 직업을 구하는 데 걸렸던 두 달의 시간 동안 궁핍했던 우리를 도와준 건 역시 가족이었다. 어머님은 아버지한텐 비밀이라며 슬그머니 봉투를 내미셨고, 친정 엄마는 연락이 안 돼 답답하니 핸드폰 새로 사라고 돈을 주셨다. 물론 핸드폰은 할부로 사고 그 돈은 생활비로 썼다. 미국의 작은어머니도 신랑의 계좌번호로 돈을 송금해주시며 직업을 구할 때 입을 옷이라도 사라고 말씀하셨다. 그것 역시 옷을 사지 않고 생활비로 다 썼다.

여행을 통해 느낀 게 무엇이냐고 물으면 사실, 가족에 대한 소중함과 내 남편에 대한 사랑이라고 밖에 답할 수 없다. 여행이 거창한 교훈을 주는 것은 아니지만, 삶에 있어 무엇이 값진 것인지 일깨워주는 것만은 확실하다.

여행으로 인해 많은 것이 바뀌지는 않지만 그래도 조금 바뀐 것이 있다면, 여행을 통해 내게 주어진 삶을 더 열심히 살게 되었고, 사람에 대한 편견을 조금이나마 줄일 수 있었다는 것이다. 그것은 세상 어느 곳이든 사람 사는 모습은 거기서 거기라는 보편적인 공통점을 많이 보았기 때문이다. 나만 특별한 것도, 나만 뒤떨어진 것도 아니었다. 사람은 누구나 다 자기의 삶을 살아가는 고귀한 존재라는 것을 여행을 통해 배웠다.

한 달간 여행을 같이하면 1년 같이 산 것과 같다는데, 그렇다면 우리 부부는 이제 중년 부부나 다름없다. 여행을 통해 우리는 서로 몰랐던 부분에 대해 많이 알게 되었고, 많은 이야기를 나누었다. 그리고 평생 곱씹을 추억도 만들었다. 지금도 우리는 여행 이야기를 안주 삼아 가끔 술을 마신다.

여행에서 돌아와 한 달 만에 나는 취직했고, 그 다음 달에 남편도 직업을 구했다. 남편은 150대 1의 경쟁률을 뚫고 입사했는데, 그보다 학벌이 좋고 토익 점수가 좋은 사람들을 물리쳤던 힘은 역시 여행이었다. 여행을 하면서 많은 사람을 만나고, 고생을 하고, 열린 마음을 가진 그에게 회사는 높은 점수를 주었다.

여행을 통해 행복이 타인과의 비교에서 우위에 있어야 느낄 수 있는 감정이 아닌 것을 배웠기에, 우리는 다시 시작하는 마음으로 열심히 살고 있고, 나는 지금 충분히 행복하다.

I'm happy~

대상 WelLife
고객님의 건강이 대상웰라이프의 소망입니다.
http://www.WelLife.co.kr

매일매일 건강한 습관-
대상 웰라이프 녹즙

석류
Pomegranate

지중해 연안의 햇살을 머금은 석류를 그대로 담았습니다.

01 터어키산 석류즙 100%(12brix 기준)

02 대두추출분말(이소플라폰함유) 200mg 함유

03 무방부제, 무가당, 무색소, 무향 4無 제품

04 365 Health Care 매일 아침 챙겨드립니다.

고객상담실
080-996-5000(수신자요금부담)